THE
IMPROBABILITY
PRINCIPLE

Why Coincidences,
Miracles, and Rare
Events Happen
Every Day

股票投资的
非概率
原理

为什么巧合、奇迹和
罕见事件每天都在发生

这就是股票市场中神秘而有效的
　　不大可能法则

[英] 戴维·汉德 David Hand 著

中国青年出版社
CHINA YOUTH PRESS

图书在版编目（CIP）数据

股票投资的非概率原理：为什么巧合、奇迹和罕见事件每天都在发生/（英）戴维·汉德著；吴春雷译.—北京：中国青年出版社，2023.3
书名原文：The Improbability Principle: Why Coincidences, Miracles, and Rare Events Happen Every Day
ISBN 978-7-5153-6916-7

Ⅰ．①股… Ⅱ．①戴… ②吴… Ⅲ．①股票投资-基本知识 Ⅳ．①F830.91
中国版本图书馆CIP数据核字（2023）第001676号

THE IMPROBABILITY PRINCIPLE: WHY COINCIDENCES, MIRACLES, AND RARE EVENTS HAPPEN EVERY DAY by DAVID J. HAND
Copyright © 2014 BY DAVID J. HAND
This edition arranged with The Curious Minds Agency GmbH and Louisa Pritchard Associates through BIG APPLE AGENCY, LABUAN, MALAYSIA.
Simplified Chinese edition copyright: 2023 China Youth Book, Inc. (an imprint of China Youth Press)
All rights reserved.

股票投资的非概率原理：
为什么巧合、奇迹和罕见事件每天都在发生

作　　者：	［英］戴维·汉德
译　　者：	吴春雷
策划编辑：	翟平华
责任编辑：	刘宇霜
文字编辑：	吴梦书
美术编辑：	杜雨萃
出　　版：	中国青年出版社
发　　行：	北京中青文文化传媒有限公司
电　　话：	010-65511272 / 65516873
公司网址：	www.cyb.com.cn
购书网址：	zqwts.tmall.com
印　　刷：	大厂回族自治县益利印刷有限公司
版　　次：	2023年3月第1版
印　　次：	2025年10月第2次印刷
开　　本：	787×1092　1/16
字　　数：	193千字
印　　张：	14
京权图字：	01-2022-7058
书　　号：	ISBN 978-7-5153-6916-7
定　　价：	69.90元

版权声明

未经出版人事先书面许可，对本出版物的任何部分不得以任何方式或途径复制或传播，包括但不限于复印、录制、录音，或通过任何数据库、在线信息、数字化产品或可检索的系统。

中青版图书，版权所有，盗版必究

献给爱妻雪莱

不发生稀罕事的日子才是不寻常的。

——佩尔西·迪亚科尼斯（Persi Diaconis）

CONTENTS 目录

序言　　　　　　　　　　　　　　　　　　　　　　011

第一章　神秘事件　　　　　　　　　　　　　　　013
　　　　　咄咄怪事 / 014
　　　　　博雷尔定律：概率足够小的事件不会发生 / 018

第二章　变幻无常的宇宙　　　　　　　　　　　023
　　　　　为什么是我？为什么是这里 / 024
　　　　　盲信 / 025
　　　　　预言 / 029
　　　　　神与奇迹 / 034
　　　　　超心理学与超自然现象 / 036
　　　　　共时性、形态共鸣和其他 / 041
　　　　　发条宇宙 / 044

第三章　机会是什么　　　　　　　　　　　　　047
　　　　　概率的含义 / 050
　　　　　概率来自哪里 / 054
　　　　　概率的三个经典解释理论 / 060

概率的运算、大数定律和中心极限定理 / 065

超越发条宇宙 / 071

第四章　必然法则　075

总之一定会有事发生 / 076

彩票：怎样选中一组必然中奖的号码 / 077

股票：怎样选中一支必然上涨的股票 / 081

第五章　巨数法则　083

制造巨数：看见隐藏的机会 / 088

掷骰子：为什么有人能掷出六个6点 / 092

扫描统计和查看别处效应 / 095

圣经密码、盖勒数和圆周率的必然性 / 099

闪电、高尔夫和动物预言家 / 104

有时我们会被巨数法则误导 / 109

只要有足够多的机会 / 110

第六章　选择法则　111

核桃、射箭和股市欺诈 / 112

彩票中奖的概率与金额 / 118

均值回归效应 / 120

科学中的选择偏倚 / 125

第七章　概率杠杆法则　131

失之毫厘，谬以千里 / 132

理想化的正态分布 / 134

金融崩盘与西格玛事件 / 135

如果不是正态分布会怎样 / 137

为什么不以正态分布作为假设前提 / 139

突变、蝴蝶效应和宇宙的尽头 / 140

阿利斯特·哈迪的超感官知觉实验 / 141

关联还是独立,结果大不同 / 145

相同的概率,为什么是他不是我 / 147

第八章　够近法则　　　　　　　　　　　149

够近法则是什么 / 150

放宽匹配标准后会发生什么 / 151

看清真相的超心理实验 / 153

数字命理学的巧合 / 156

看似巧合却不是巧合 / 159

第九章　人类心智　　　　　　　　　　　161

对概率的直觉误判 / 162

预测、模式和偏见 / 167

十个导致概率错觉的原因 / 173

事后诸葛 / 179

第十章　生命、宇宙及万物　　　　　　　183

生命与机遇 / 184

宇宙演化就是非概率原理在运作 / 187

哥白尼原则和平庸原则 / 190

宇宙微调论 / 192

宇宙演化的概率杠杆法则 / 195

人择原理和选择法则 / 196

第十一章　如何应用非概率原理　　　　　　　　**199**

　　可能性定律 / 200

　　福尔摩斯与贝叶斯主义 / 205

　　统计显著性也是一种概率 / 206

后记　　　　　　　　　　　　　　　　　　　　**211**

附录1　令人咂舌的大和难以置信的小　　　　　**215**

附录2　机会法则：概率的合取与析取　　　　　**217**

PREFACE 序言

本书探讨的是不大可能发生的事件,剖析了此类事件得以发生甚至接二连三发生的原因。

乍看起来这有些自相矛盾。既然说事件不大可能发生,那为何它们又会一而再再而三地发生呢?请注意,这里的"不大可能"是"罕见"的意思。

现实生活中的诸多例子均证明了这一点,比如有人多次买彩票中了大奖,有人多次遭雷击,极端严重的金融崩溃一再发生等,我们确实需要对这些事件作出解释。

宇宙有自己的运行法则。牛顿运动定律解释了物体下落以及月亮绕着地球转的原因;解释了当你给汽车加速时,靠椅碰到你后背的原因;也解释了当你被绊倒时,你重重地摔倒在地的原因。其他自然法则解释了恒星是如何诞生的又是如何死亡的,人类来自何方、又可能会去向何处。

不大可能发生的事件也是如此。非概率原理(也叫不大可能法则)是我对一系列概率法则的统称,明白了这些法则,我们就会预料到意外事件的发生并认清其发生的原因。

这些法则体现在几个层面。其中一些涉及宇宙构建的基本法则,比如2+2=4这类基本的抽象真理;另一些则取决于概率的本质属性;还有一些涉及人类心理学层面,即大脑不是简单的记忆工具。在适当的情况下,任何一条法则发挥作用都有可能导致少见的事件发生,但是,只有当这些法则结合起来共同发挥作用时，非概率原理才会体现出巨大的威力，不可思议的罕见事件才会发生。

多年来与许多人合作开展的研究、对话和讨论为我完成本书奠定了坚实的基础，因人数众多，实在无法在此一一列举，我只能对那些在最后阶段帮助过我的人表达谢意。我的朋友和同事迈克·克劳（Mike Crowe）、凯特·兰德（Kate Land）、尼尔·亚当斯（Niall Adams）、尼克·赫德（Nick Heard）和克里斯托弗罗斯·阿纳格诺斯托普洛斯（Christoforos Anagnostopoulos）热情地评论了本书各版草稿。我的经纪人彼得·塔拉克（Peter Tallack）和我的编辑阿曼达·穆恩（Amanda Moon）对完善稿件发挥了关键的作用。巧合的是（或许不是巧合，因为巧合是非概率原理发挥作用的一种体现），在本书还处于筹划阶段时，元盛资本管理公司（Winton Capital Management）的创始人大卫·哈丁（David Harding）诚邀我加入他的公司。我在该公司遇到的各种挑战使我得以更深入地思考罕见事件的发生规律。最后，感谢我的爱妻雪莱（Shelley），在写作本书的过程中，她不仅容忍了我对她的冷落，还对本书内容提出了许多宝贵的建议。

第一章

神秘事件

失舵的船只有时也会安然抵港。

——威廉·莎士比亚（William Shakespeare）

咄咄怪事

1972年夏，乔治·费弗（George Feifer）写的小说《铁幕情天恨》（*The Girl from Petrovka*）被改编成了电影，由安东尼·霍普金斯（Anthony Hopkins）担任主演。为了演好这个角色，霍普金斯想买一本原著研读。不幸的是，他跑遍了伦敦的各大书店均无所获，最后只能悻悻而返。当他在莱斯特广场地铁站等车时，他发现旁边的座位上放着一本无主的书。他拿起来一看，正是他梦寐以求的《铁幕情天恨》。

还有更离奇的事情呢！后来霍普金斯见到了乔治·费弗，他向对方讲述了这一番奇遇。费弗也觉得很不可思议。他说，1971年11月，他曾借给了朋友一本此书，而且书里带有他的批注（当时为了能在美国出版此书，他在书里做了把英式英语转换为美式英语的批注，比如将"labour"转换为"labor"等），但他的朋友一时大意，在伦敦的贝斯沃特弄丢了该书。费弗快速地翻阅了一下霍普金斯捡到的那本，他赫然发现，这正是他当年借给朋友的那本。

看到这里你必定会琢磨：这么巧的事情出现的概率有多大？百万分之一？十亿分之一？无论如何，这都是不可思议的事情，就好像冥冥之中有一股力量把这本书带到了霍普金斯身边，之后又物归原主了一样。

再举一个引人注目的例子，它出自精神分析学家卡尔·荣格（Carl Jung）所著的《共时性》（*Synchronicity*）一书。荣格在这本书里写道："作家威廉·冯·舒尔茨（Wilhelm von Scholz）……讲述了一位母亲给其小儿子拍照的故事。她把胶卷留在了斯特拉斯堡冲洗，之后由于战争爆发，她没能取回胶卷。1916年，为了给刚刚出生的女儿拍照，她在法兰克福买了一卷胶卷。冲洗胶卷后，她赫然发现，这卷胶卷被曝光了两次：下面的正是她1914年为儿子拍的照片，也就是说，旧的胶卷未经冲洗，不知何故被当成新胶卷卖给了她。"

我们大多数人都有过巧合经历，只是没有这么离奇罢了，比如你刚想到某个人时就接到了他的电话。就在我写这部分内容时，我也遇到了这样的巧事。一位同事要我推荐几本介绍统计方法（即"多元t分布"）的书，经过一番研究后，我于第二天找到了塞缪尔·科茨（Samuel Kotz）和萨拉·纳达拉亚（Saralees Nadarajah）这两位统计学家合著的一本书。之后我开始给同事写电子邮件，告诉他这本书的详情。其间我接到了一位朋友从加拿大打来的电话，他提到塞缪尔·科茨刚刚过世了。

这样的巧合还有很多。2005年9月28日，《电讯报》（*The Telegraph*）报道了一位名叫琼·克雷斯韦尔（Joan Cresswell）的高尔夫球手在英国坎布里亚的巴罗高尔夫俱乐部打第13洞球时，在距离洞口约45.72米远处一杆进洞。你可能会觉得，这样的成绩很不错，但还没到令人不可思议的程度，毕竟，一杆进洞确实会出现。但是如果我告诉你，接下来另一位高尔夫球手，即新手玛格丽特·威廉姆斯（Margaret Williams）也打出了一杆进洞，你会作何感想呢？

看似不可能的事情有时确实会发生，这一事实意味着，宇宙中存在一些我们不了解的东西。这难免会让我们心生困惑，想知道日常生活中熟悉的自然法则和因果关系是否会偶尔失效，想知道把这些巧合仅仅归因于偶然因素是否合理。这些事件的发生也意味着，冥冥之中有一股力量在影响着我们。

通常情况下，咄咄怪事不只会令我们大吃一惊，它们还是我们茶余饭后的谈资。我第一次去新西兰时去了一家咖啡馆小憩，邻桌坐着两个陌生人，其中一个人使用的信纸与我在英国读大学时使用的一模一样。某些时候，离奇的事件还可以显著地改善生活，比如新泽西州一名女性中了两次彩票大奖；或者会让生活变得更加糟糕，比如萨默福德少校（Major Summerford）被雷劈过好几次。

人类是好奇心很强的动物，所以我们自然会探寻这些离奇事件发生的根本原因。是什么导致了毕业于同一所大学的两个陌生人来到了世界的另一端、于同一时间在同一家咖啡馆相邻而坐？是什么让新泽西州的那位女士选择了那两套中奖的彩票号码？是什么让闪电一次又一次地击中萨默福德少校？是什么引导安东尼·霍普金斯和那本《铁幕情天恨》穿越时空，相会于地铁站的座位上？

当然，除了探究原因，更重要的是，我们该如何利用导致这些巧合的原因呢？我们该如何避开它们带来的麻烦，又如何利用它们而从中获益呢？

到目前为止，我举的都是影响面小的个人例子，还有无数影响更大、更深远的例子。一些例子似乎暗示出，如果某些极为巧合的事件不曾发生，那么不仅人类不会存在，就连星系也不会存在。有些研究表明，基因序列微小的随机变化导致了人类的产生，还有些事件的发生与地球和太阳之间的距离、木星的存在甚至基本的物理常数值有关。此时，我们不得不再次思考这个问题：这些看似不大可能事件的发生是偶然因素导致的还是有其他力量在背后作祟？

这些问题的答案都与非概率原理（不大可能法则）有关，即不大可能发生的事件实际上是司空见惯的。在一系列法则的共同作用下，这类事件不可避免地发生了。这些法则告诉我们，宇宙的建构规律决定了这些巧合实际上是不可避免的，也就是说，**不大可能事件一定会发生**。非概率原理解决了理论上的不可能和现实中的可能之间的明显矛盾。

我们从现代科学诞生之前对这类事件的解释谈起，这需要我们穿越时间的迷雾，把目光转向很久之前。许多人现在仍然相信这些解释，尽管这些解释早在培根科学革命（Baconian revolution）之前就出现了。根据培根的科学观，了解自然界的方法是收集数据、开展实验和进行观察，在此基础上评估人们对事件作出的解释。在近代科学诞生之前，人们无法采用严谨的科学方法评估解释的有效性。没有经过验证或者无法验证的解释是不可靠的，它们只能算是奇闻异事，与孩子们睡前听到的圣诞老人的故事差不多。它们只能安抚那些不愿意或无法刨根究底的人，但对于探寻真相无所裨益。

要探寻真相就需要作深入的调查。在调查过程中，思想家，包括研究人员、哲学家、科学家，试图概括出描述自然运行规律的"法则"。这些法则简单地概括了他们观察到的宇宙运行规律，而且这些规律是抽象的。例如，牛顿第二运动定律是指，在从高空坠落的过程中，物体的加速度与作用力成正比。自然法则直击现象的核心，去除冗余，抓住本质。当预测数据与实际观测到的数据相符时，法则（或定律）就产生了。如果一条法则（或定律）说，随着密封在固体容器中的气体温度升高，其压力也会升高，实际情形是如此吗？数据验证了这一点吗？如果一条法则（或定理）说，当电压增大时，电流会增大，实际情形是这样吗？

用调查数据验证解释的方法特别有助于我们理解自然现象，当代大量的人类科技成果就是明证。

当然，有些人似乎认为，只要理解了一种现象就足以揭开它的神秘面纱了。确实如此，因为理解意味着消除了模糊、混淆、歧义和混乱。但是，对彩虹颜色成因的理解并不会减损它的神奇。相反，理解了其成因后，我们更加欣赏它，甚至是敬畏它了，它向我们呈现了一个绚烂多彩的奇妙世界。

博雷尔定律：概率足够小的事件不会发生

埃米尔·博雷尔（Emile Borel）是法国著名数学家，生于1871年。他是概率论（所谓的测度理论）的先驱，一些数学研究对象和概念都以他的名字命名，如博雷尔测度、博雷尔集、博雷尔–坎泰利引理（Borel-Cantelli lemma）和海涅–博雷尔定理（Heine-Borel theorem）等。1943年，他撰写了一本概率论科普书，书名为《概率与日常生活》（Les probabilites et la vie），后被译为英文出版。他在这本书里介绍了概率的一些性质和应用，还介绍了单一机会定理，即现在所称的博雷尔定律（Borel's Law）。该定律说："概率足够小的事件永远不会发生。"

显然，非概率原理与博雷尔定律是相互矛盾的。非概率原理认为，小概率事件会发生，而博雷尔定律认为，小概率事件不会发生。这该如何解释呢？

看到博雷尔定律时，你的第一反应很可能和我的一样：这肯定是在胡说八道。你可能会认为（我也是如此）小概率事件当然会发生，只是发生得不那么频繁罢了。这正是概率的意义所在，尤其是小概率。但是，当我深入研读博雷尔的著作时，我才发现他笔下的概率有更加微妙的含义。

为了阐明自己的观点，博雷尔举了一个经典的例子：猴子随意敲击打字机[①]的键盘，碰巧创作出了莎士比亚全集。他写道："尽管这类事件发生的可能性无法得到合理的论证，但由于其发生的概率极小，以至于任何理智的人都会毫不犹豫地认为它是不可能发生的。当有人声称看到了这类事件发生时，我们也会认为他是在欺骗我们，或者他自己受到了欺骗。"

可以看出，博雷尔是从人类角度考虑"极小概率"的，他的意思是：从人类的角度来看，事件发生的概率极小，以至于认为它发生是不合理的，因此应该把这类事件视为不可能发生的事件。事实上，在阐述了单一机会定理（即概率极小

[①] 一种早期的机械文字处理器，其键盘与金属小锤相连接，敲击键盘时，小锤子会击打浸了墨水的色带，从而在纸上留下字母印记。

的事件永远不会发生,博雷尔本人是这样解释的)后,他补充说:"或者,至少在所有情况下,我们的行为方式都表明,这样的事件不可能发生。"

他进一步指出:"对于每一个居住在巴黎的人来说,每一天在外奔波时死于交通事故的概率大约是百万分之一。如果一个人为了避免如此低的风险而放弃了所有的外出活动,大门不出二门不迈,或者让家人这么做的话,他会被视为疯子。"

其他思想家也表达过类似的观点。例如,17世纪60年代,让·达朗贝尔(Jean d'Alembert)曾提出过这一问题:经过长期观察后,我们能否发现事件发生和不发生的概率相等?在博雷尔提出单一机会定理一个世纪之前,即1843年,安东尼-奥古斯丁·古诺(Antoine-Augustin Cournot)在其所著的《机会与概率的理论解释》(*Exposition de la theorie des Opportunities et des Probabilities*)一书中讨论了理想圆锥体以其顶点做倒立平衡的实际概率和理论概率。与"理论上的确定性"(physical certainty)相对应的"实际的确定性"(practical certainty)就此与古诺联系在了一起。"概率很小的事件不会发生是一种实际的确定性",这一观点有时被称为古诺法则。后来,在20世纪30年代,哲学家卡尔·波普尔(Karl Popper)在《科学发现的逻辑》(*the Logic of Scientific Discovery*)一书中写道:"必须忽视极度的不可能性……这一规则符合科学客观性的要求。"

鉴于其他著名的思想家也表达过类似的观点,我们可能会提出这一问题:为什么这一观点是以博雷尔的名字命名。答案可能就在于斯蒂格勒(Stigler)所说的命名定律(law of eponymy)。根据这一定律,"没有一条科学定律是以其最初的发现者命名的"。他还补充说:"包括这条。"

博雷尔定律与我们在几何课上所学的点、线和面有相似之处。我们知道,它们都是抽象的数学概念,在现实世界中并不存在,我们为了便于思考和了解真实的世界而简化了它们。同理,尽管小概率事件发生的概率实际上不为零,但我们对待它们就好像它们发生的概率为零一样,因为在实际的环境中,概率足够小的事件永远不会发生。这就是博雷尔定律的含义。

博雷尔还写道："我们必须了解这一点：单一机会定理除了具有数学确定性外还具有另一种确定性，这种确定性就跟我们接受一个历史人物、一个位于对跖点的城市、路易十四或墨尔本的存在一样；它甚至可以与我们认为外部世界存在的确定性相媲美。"

博雷尔接着给出了一些确认事件永不发生的"足够小"的概率尺度，下面列出的就是他给出的尺度标准（稍有修改）。为便于理解，我针对每种标准举了相应的例子。

从人类的角度来看，可忽略不计的概率值约小于百万分之一。打扑克牌时出现同花顺的概率约为1/650000，几乎是百万分之一的两倍。一年有3000多万秒，因此，按博雷尔的这个尺度来计算，我和你在同一秒钟内选择做同一件事情的概率可被忽略不计。

从地球的角度来看，可忽略不计的概率值小于$1/10^{15}$（不了解这个数学符号含义的读者可参阅附录1）。地球的表面积约为$5.5×10^{15}$平方英尺（约$4.95×10^{14}$平方米），因此，你和我随机选中同一平方英尺地块（忽略掉一些细节问题，例如有许多平方英尺的地块位于海洋中）的概率几乎可以忽略不计。玩桥牌时，一名玩家获得同一花色所有桥牌的概率约为$1/(4×10^{10})$，远高于从地球的角度来看可以忽略不计的概率值。

从宇宙的角度来看，可忽略不计的概率值小于$1/10^{50}$。地球大约由10^{50}个原子组成，因此你和我从整个地球中各自选中同一个原子的可能性微乎其微。更何况，整个宇宙中"只"有10^{23}颗恒星。

从超宇宙的角度来看，可忽略不计的概率值小于$1/10^{1000000000}$。由于宇宙中亚原子重子粒子的数量估计为10^{80}个，我很难举出概率如此小的恰当例子。

参考博雷尔提出的概率尺度，我们就知道了什么时候应该把某些事件视为不可能发生的事件。但非概率原理告诉我们，不大可能发生的事件，甚至是博雷尔所描述的那种几乎不可能发生的事件，仍在持续发生着。也就是说，这样的事件不仅有可能发生，而且还会一而再再而三地发生。当然，这两个法则不可能都是对的：要么这些事件不大可能发生，以至于我们永远看不到它们发生；要么它们很有可能发生，以至于我们一次又一次地看到它们发生。

我们可以通过层层分析不可能性的含义来解决这一明显的矛盾。我们可以把非概率原理视为一颗洋葱，把它不同的组成部分视作洋葱的各层表皮，每剥开一层，其含义就更明晰一分。非概率原理的不同组成部分，包括必然法则（the law of inevitability）、巨数法则（the law of truly large numbers）、够近法则（the law of near enough）、选择法则（the law of selection）和概率杠杆法则（the law of probability lever），都阐明了博雷尔定律和非概率原理如何同时发挥效力。

非概率原理的某些组成部分影响深远，另一些则不然。例如，在确认疾病集中爆发是污染物引起的还是只是偶然因素导致的时，巨数法则发挥了至关重要的作用。接下来要说的这个例子与朝鲜前领导人金正日有关，从表面上看它不大可能发生，但它却实实在在地发生了，你会觉得很不可思议。2011年12月19日，《美国新闻与世界报道》（*U.S. News & World Report*）称："1994年，金正日第一次打高尔夫球时就征服了约6400米的平壤高尔夫球场：他打出了令人难以置信的成绩——低于标准杆38杆，在朝鲜这座唯一的高尔夫球场上，他最差的成绩是小鸟球。在现场17名保镖的见证下，他打出了11个一杆进洞球。"

看到这个例子时你是什么反应呢？正如我所说，非概率原理的某些部分简单易懂，但另一些部分却深刻玄奥，需要我们费一番功夫进行探究。

第二章

变幻无常的宇宙

老师:"你知道地球不是平的,对吧!"

学生:"我就住在地球上。"

——《圣米迦勒学校四年级》(*The Fourth Form at St Michael's*)[①]第二部分

威尔·海伊(Will Hay)和比利·海伊(Billy Hay)

为什么是我?为什么是这里

想象一下这样的场景:在一个舒适的夏日傍晚,你惬意地坐在草坪上,身边放着一杯冰镇白葡萄酒。感到无聊时,你玩起了扔小球的游戏:把一个小球从一只手扔到另一只手中。突然,你心血来潮,把手里的小球抛向了空中。球向天空飞去,在重力的作用下逐渐减速,到达顶点后开始下落,而且速度越来越快,最后"扑通"一声落入了你身旁的酒杯里。

发生这样的事挺倒霉的,同时也是极不可能的。明明有那么多的地方可以落,可球就偏偏落在了占地仅几平方厘米的玻璃杯子里。

反过来看,要是你抱着让球落进杯子的心思而故意把球抛向空中,你肯定不

[①] 20世纪20至30年代在英国播出的一部经典喜剧。——译者注

会如愿以偿,你很清楚这一点。所以,出现这样的结果显然是因为一些神秘的因素在作祟,就好像有一股神秘的力量控制了球的轨迹,把它引向了酒杯一样——也许是一个想改变自然法则、戏弄你一番的淘气小精灵。

你也可能有过类似的经历,虽然不像球落在酒杯里那么倒霉,但确实很出乎你的意料,足以引发你这样的感叹:怎么会发生这样的事情呢?这类意外事件的发生表明,我们对宇宙行为的预期与它实际的行为不相符。

总的来说,宇宙行为是反复无常的这一观点令人不安。我们想知道不可思议的事件为什么会发生,我们想探寻前因后果,想知悉我们观察到的现象背后隐藏的规律。安稳向来是人类的基本需求,不可思议的事件是偶然因素导致的这一观念无法令人信服。若不可思议的事件总是没来由地发生,我们就无法把控结果,等待我们的必然是疾病、事故和失败。我们会一直生活在恐惧中,徒然地等待不可预知的灾难降临。

能够预测或把控这类事件的人是非常强大的。他们能躲过子弹,能避免撞车,能够选出获胜的马匹和盈利的股票,能在球落下之前移走酒杯。

在近代科学诞生之前,人们对"球掉入酒杯"这类事件给出了很多解释,我称之为"小精灵论",即这类事件发生是某种神秘力量导致的,而且这种力量往往具有一定的邪恶性。人们循着这一思路提出的解释包括盲信、预言、神与奇迹、超心理学解释、荣格的"共时性"等。我们首先来看看盲信。

盲信

探求事件发生的原因,寻找规律或模式是人类的本能。我们想确认事件发生的前因后果。我们发现,事件A发生后,事件B通常会紧接着发生,比如走路三心二意的人容易被车撞,乌云通常伴随着降雨。我们观察到的许多此类现象都是有规律可循的,这有助于我们应对变幻莫测的生活。这些模式不能绝对肯定地告诉我们会发生什么,但它们确实有助于我们预测接下来可能会发生什么。

我们发现的许多规律或模式以因果关系为基础。如果不存在这样的关系，人类恐怕早就灭绝了。因为我们永远不会意识到，草丛窸窣作响意味着里面正潜伏着一只老虎，或者下游传来雷鸣般的声音意味着我们正朝着瀑布漂流而去。

经过调查后，我们通常会发现解释这些规律的证据，它们能证实我们找到了正确的原因。早期的流行病学研究发现吸烟与肺癌之间存在关联，后来的生物学调查显示，二者确实存在因果关系。人们发现肥胖和心脏病之间有关联，随后的实验也证明了二者间存在因果关系。

但并非所有我们观察到的规律都存在因果关系，有时我们发现的规律只是偶然因素导致。最近有两次我在看到黑猫后不久就摔倒了，但我知道看到黑猫和我摔倒之间不存在真正的因果关系。还有一个事实是，我今年自己驾车去观看的每一部戏剧都很精彩，但我乘坐公共交通工具去观看的戏剧都令我感到失望，但这并不意味着这种规律会一直持续下去。关键是要能区分哪些规律确实以真正的因果关系为基础，哪些不是。实际上，从最广泛的视角看，科学的作用就在于此。

那些偶然出现、背后没有任何潜在原因的规律通常构成了盲信的基础：实际上并不存在因果关系，却坚信这种关系的存在，比如坚信在投掷之前亲吻一下骰子就更有可能掷出两个6点，或者坚信出门时带一把雨伞就会降低下雨的可能性（别忘了我可是住在伦敦）。

识别规律并推断其中的因果关系能够促进人类的进化，发生在动物身上的情况可以证明这一点。心理学家B.F.斯金纳（B. F. Skinner）把饥饿的鸽子放在了一个笼子里，笼子里放有定期分发食物的装置，无论鸽子在做什么，这个装置都在运转。斯金纳发现，这些鸽子似乎认为，食物的发放与它们的动作有关联，因此，为了获得更多的食物，它们会重复做这些动作。斯金纳写道：

> 可以说这个实验证明了某些盲信形成的原因。鸽子的表现就好像其行为和食物的分发之间存在因果关系似的，但实际上并不存在这样的关

系。人类也有许多相似的行为。打牌人为了抓到好牌而做出某些仪式性动作就是很好的例子，尽管他们做出这些动作后只是偶尔才会抓到一副好牌，更多的时候是抓不到的，但他们仍然会坚持做这些动作。另一个例子是，保龄球手把球扔出后，仍然会扭动和转动手臂和肩膀，就好像他仍然能控制球一样。当然，这些行为不会改变人的运气或球的走势，就像鸽子实验所展示的一样，即使鸽子什么都不做，或者更严格地说，即使它们做了其他动作，食物也会照常出现。

"货物崇拜"（cargo cult）就是不存在因果关系的规律的例子。这个短语最初被用来描述第二次世界大战后西南太平洋岛屿土著居民的习俗。他们看到外来者在当地建造机场、列队行进、指挥飞机着陆，还穿着特定风格的服装。与这些奇怪行为相伴的是巨大的"铁鸟"到来，这些"铁鸟"携带着大量的奇特物资，如罐头食品、衣服、车辆、枪支、收音机、可口可乐等，它们被称为"货物"。在战争结束、外来者离开后，土著居民推断，如果他们做出同样的行为，"铁鸟"就会带着"货物"回来。因此，他们用稻草和椰子建造了简易机场，用竹子和绳子建造了控制塔，还把自己打扮成战争期间看到的外来者模样。他们戴着雕刻的木制耳机，在"跑道"上模仿着外来者做着引导飞机着陆的动作。他们观察到了一种规律，即外来者做出了一系列奇怪的行为后得到了丰厚的回报，于是他们推断二者间存在着潜在的因果关系。但实际上并非如此。

即使一个事件经常在另一个事件之后发生，这也不意味着先发生的事件是后面事件的原因。统计学家对此有很明确的解释：**相关关系不等同于因果关系**。防晒霜销量通常与冰激凌销量同步增加，但二者之间不大可能存在因果关系，它们更可能是由同一原因导致的，即夏季天气炎热。同样，你会发现，每当早晨我的屋顶潮湿时，我就会带着雨伞出门，但潮湿的屋顶并不是我带伞出门的原因。哲学家和逻辑学家用一个拉丁短语来描述这一谬误：post hoc ergo propter hoc，即

"后此谬误"。时间先后是因果关系存在的必要条件，但不是充分条件。

体育运动也是概率发挥着极为重要的作用的领域。棒球投手特克·温德尔（Turk Wendell）就是个很典型的例子，他投球前会在地上画个十字。曼联队（Manchester United）的足球运动员菲尔·琼斯（Phil Jones）在主场比赛时，会先穿左脚的袜子，在客场比赛时，会先穿右脚的袜子。泰格·伍兹（Tiger Woods）会在锦标赛的最后一轮身着一件红色衬衫，不过这是因为他母亲的信仰，而不是他自己的。

在体育比赛和涉及概率的运动中，热手效应是一种常见的盲信形式。人们相信，多次投篮成功的球员更有可能继续投篮成功，因为这样的球员手感好，如有神助。估计你也有这样的想法。我们曾有过"走霉运的日子"（会让我们感觉不舒服），也可能有"运气爆棚的日子"，在这样的日子里，我们更容易取得成功。但热手效应比这更微妙，它意味着，球员在多次投篮成功后继续投篮得分的概率会增加。而且，在随机游戏中，比如掷骰子，这种盲信也存在。事实上，当我们审视球员过去的表现时，我们一定会发现，他们的得分有时高于均值，有时低于均值。表现时好时坏才能体现出"平均"的意义。但热手效应指的是，当一名球员连续得分时，他继续得分的概率将高于平均值，即使比赛纯粹是随机的也是如此。也就是说，某些人认为，仅靠过去成功的事实就能改变未来成功的概率。

人们对这种现象有非常强烈的信念，甚至到了影响比赛结果的程度。在篮球比赛中，队友们通常会把球传给那些他们认为能连续投中的球员，因为他们相信，这些球员此前连续投中会提高他们接下来投中的概率。这样的信念会使比赛变得更为复杂，因为热手效应改变了球员的行为，进而改变了球员得分的机会。尽管这不会改变接到球的球员每次投中的概率，但确实让他们获得了更多的得分机会。而且当这些增加的机会转化为更多的分数时，人们会更加坚信热手效应。

当然，盲信可能因文化而异。比如有的文化认为，人看到一只喜鹊会遭遇不幸，但看到两只喜鹊则会交好运；在室内打开伞是不吉之举；打破镜子是不祥之兆；在梯子下行走会遭厄运。最后这个例子说明了日常观察到的规律是如何演变为盲信的：由于从梯子上掉下来的油漆罐可能会砸到人，因此人们会觉得在梯子下行走会遭厄运[①]。

盲信形成后会自我强化。这是因为，除了正规的科学实验，我们不善于检验假设是否为真。我们往往只关注支持我们理论的证据和事件，而忽视任何不利的证据和事件，这被称为"证实偏差"（confirmation bias）。例如，我曾在看到一只黑猫后被一块铺路石绊倒，我可能会把看到这只黑猫视为遭厄运的证据，而忽略了我看到另一只黑猫后未被绊倒的事实。

尽管证实偏差最近才成为心理学家和行为经济学家深入研究的主题，但早在几个世纪之前人们就知道它的存在了。确立科学原则的先驱弗朗西斯·培根（Francis Bacon）在其所著的《新工具》（Novum Organum）一书中这样写道：

> 人类理解力一旦采纳了一种观点后……就会迁移一切其他事物来支持、强合于那种观点。尽管可以找到更多、更重要的相反事例，但他要么把它们忽视了，要么加以区别并将它们撇在一边拒绝……人们快意于那种虚想，于是就只记取那些相合的事件，对于不合的事件，即使遇到的次数多得多，人们也会忽视它们。

预言

预言是对未来的预测。预言的假设前提是，宇宙正沿着既定的路径前行。预言的目的是消除人们对路径方向的怀疑。预言也常常带有神或超自然力量的暗示。

许多预言都以明确的迹象为基础，比如杯底的茶叶图案、《易经》中的蓍草

[①] 有意思的是，大多数盲信与坏运气有关，这可能是危机意识进化的结果：只有发现潜在的威胁时你才更有可能存活下来。

卦象、占卜师翻开的塔罗牌、彗星的出现、奇特的云层结构、人出生时的星象、畸形动物的出生，等等。

但是，即使所有人都能看到这些迹象，预言也不是以大量的证据为基础、经仔细评估后做出的科学预测，因此预言与科学预测大不相同。例如，医学研究人员知道，糖尿病患者的视网膜神经很可能出现病变，因为他们在对这些患者的长期研究中积累了大量的证据。天气预报员知道他们的预测有多准确，因为他们有一套评估预测准确度的"标准"。我们能够预测日食出现的时间，因为我们收集到了有关太阳、地球和月球运行的大量数据。与所有这些不同的是，很少有人正式评估算命师依据杯底茶叶的形状做出正确预测的频率（我没见过有人这样做，当然，也有可能是我孤陋寡闻，遗漏了相关信息）。

虽然预言的目的是消除未来的不确定性，但通常情况下，随机的不确定性正是产生预言的基础。杯底的茶叶图案和蓍草卦象说明了这一点，就好像随机性是泄露"天机"的渠道。泰奥菲尔·戈蒂耶（Theophile Gautier）对此有过精彩的描述，他说："当上帝不想签署自己的名字时，巧合可能就是他的化名。"茶叶和蓍草的例子也表明，要解释超自然的信息通常需要具备特殊的知识。这些特殊的知识，也正是古代社会中某些人能保持独特地位的原因。

预言通常以隐晦、模棱两可的术语表达出来，这样其含义便可以有多种解释，令他人难以反驳。无论结果如何，你很难与一位总是说"啊，是的，这正是我要表达的意思"的先知争论。有时，一种"预测"甚至可能有两种截然相反的解释。

公元前560年至公元前546年在位的吕底亚国王克洛伊索斯（Croesus）的故事就很好地说明了这一点。据说，为了决定是否进攻波斯，他曾向德尔斐神庙的祭司求取神谕。祭司告诉他说，如果他过了河，那么一个伟大的帝国将被摧毁。克洛伊索斯将此视为对己方有利的信息，于是对波斯发动了攻击，结果却是自己的帝国被波斯人摧毁了。

诺查丹玛斯（Nostradamus）的预言也是意思含糊不清的典型例子。这位16世纪的法国药剂师、治疗师和神秘学家在一系列历书、历法和四行诗中做出了许多预言，主要涉及流行病、地震、战争、洪水等。但据我所知，这些预言的意思大都模棱两可，语焉不详。另外，他预测的都是发生在遥远未来的事件——这是很高明的预测策略，因为这些预测在他的有生之年不会被证明是错误的。特别耐人寻味的一点是，诺查丹玛斯的许多追随者对他的预测结果众说纷纭，这显然是模糊性导致的！

对于预言家而言，大量预测是明智之举，因为总有一些预测是正确的，然后他们就会借着这些正确的预测大肆吹嘘，而将错误的预测抛到九霄云外。

如果你正在写一本手册，主题是如何成为一名成功的占卜师，那么在了解了预言的上述特征后，你首先可以列出三条基本原则：

（1）利用其他人不理解的迹象；

（2）所有的预测都要模棱两可；

（3）尽可能做出多种不同的预测。

值得注意的是，前两条原则与科学方法所遵循的基本原则正好相反。科学方法依据的基本原则是：

（1）明确地描述测量过程，以便让其他人知道你做了什么；

（2）明确地描述你提出的科学假设的含义，以便你能确认错误的预测。

占卜师遵循的第三条原则，即做出大量不同的预测，就是所谓的"珍妮·狄克逊效应"（Jeane Dixon effect），这种效应以在20世纪中期撰写占星术专栏的预言家珍妮·狄克逊的名字命名。1965年，露丝·蒙哥马利（Ruth Montgomery）出版了她的传记《预言天赋》(*A Gift of Prophecy*)，使她声名鹊起。这本书上市后销量高达数百万册，这充分说明有很多人相信先知和预言。当时就连很多国家的领导人也注意到了她的预测：理查德·尼克松（Richard Nixon）曾根据她做出的预测提前防范恐怖袭击（实际上并没有发生）；南希·里根（Nancy Regan）和罗纳德·里根（Ronald Regan）曾因个人私事接受过她的建议。事实上，向里根提供建议的预言家不止她一个。里根总统的幕僚长唐纳德·里甘（Donald Regan）在其自传《从华尔街到华盛顿》(*For the Record: From Wall Street to Washington*)中写道："实际上，在我担任白宫幕僚长期间，里根总统做出每一项重大的举措和决定之前都会征求旧金山一位女性的意见，她会画出星座图，确保行星处在对举措和决定有利的位置上。"

尽管我看不惯珍妮·狄克逊模棱两可的预测，但实事求是地说，她确实预测成功过。例如她在1956年出版的《大观杂志》(*Parade Magazine*)上预测说，一位民主党人将赢得1960年的美国总统大选，之后他会被暗杀或因公殉职，这一预言给世人留下了深刻的印象。她还做出过一些更具戏剧性的错误预测，比如她预测：苏联人将最先登上月球等。

要使预测具有可信度，预言者必须给出令人信服的解释，即使预测成真也是如此。毕竟，"我预测我会掷出两个6点"是一回事，"我预测我会掷出两个6点，因为骰子每个面都是6点"是另外一回事。如果我告诉你说，我掷出的骰子6个面都是6点，你肯定会对我的预测能力更有信心（我收藏了大量的骰子，其中确实有几颗每个面都是6点，我称它们为新手骰子，因为它们是那些想掷出两个6点的人练手用的）。

一般情况下，如果你能够解释清楚你是如何预测的，而且人们也认为你的解释很合理时，他们更有可能相信你的预测。例如，我会预测说，老年人不大可能拖欠贷款，因为老年人的财务状况更好一些。你可能会认为我说得很有道理，因此相信这个预测。事实上，年龄确实是预测违约风险的一个因素，但预测能力和年纪大的人财务状况更佳是否存在因果关系则是另一回事了。

有一类预言比较复杂，它们被称为"自我实现预言"，即预测某事件将发生后，预测本身会导致该事件真的发生。这个词是著名社会学家罗伯特·K.默顿（Robert K. Merton）提出来的，他以一名焦虑的学生为例做了说明。这名学生毫无根据地认为自己通不过考试，他花在焦虑上的时间比花在学习上的时间更多，结果可想而知，他最终的成绩不及格。为了证明这一重要的理念，默顿还举了一个例子：两个国家的领导人认为两国间爆发战争是不可避免的，在这种信念的驱使下，他们彼此越来越疏远，不断以"防御"行动应对对方的"进攻"行动。武器、原材料和军队人员越来越多，到了某个时候，对战争的预期促成了两国间战争的爆发。

自我实现的预言并不都是消极负面的。与罗伯特·默顿提到的焦虑学生截然相反的例子是，一位老师认为一名学生前途无量，对她寄予厚望，希望她能取得更好的成绩，因此给她布置了更具挑战性的作业。这名学生的能力因此得到了提升，成绩也突飞猛进。

有时预言者以自己的梦为基础作出预言，其他人自然不知道这一点。我们都会做梦，我们觉得梦境很真实，但梦总是很神秘的。即使是现在，心理学家也不完全清楚它们具有什么功能。过去，梦被视为超自然的交流方式，人们能通过梦预见未来，现在一些人仍然是这么想的。你自己也很可能做过"预知未来"的梦，比如你梦见了一位老友，第二天你就真的见到了他，或者你梦见了飞机坠毁，不久后真的有飞机坠毁了。卡利古拉（Caligula）①和亚伯拉罕·林肯（Abraham Lincoln）都做过意外死亡的梦，后来他们都被刺身亡了。

与其他形式的预言一样，梦也不是明确清晰的，解释它们需要具备一定的技能，或者应该说，需要编造出一套说辞，承担这项责任的一般是牧师和精神分析学家。

---

① 全名盖乌斯·尤里乌斯·恺撒·奥古斯都·日耳曼尼库斯，罗马帝国第三位皇帝，朱里亚·克劳狄王朝第三位皇帝，公元37年3月18日—41年1月24日在位，于公元41年遇刺身亡。——译者注

神与奇迹

在讨论盲信产生的背景和预言所含信息的来源时我提到过神。从神的定义来看，他们是监督、引导和操纵人类事务的高级生物，是超自然的力量。乍看之下，他们是解释偶发事件的好由头，但稍加思索后我们就会发现，用他们进行解释毫无意义，因为他们的力量太强大了，可以解释一切。任何事件，无论多么稀奇古怪，都可以用他们来解释。无论发生了什么，我们都可以说："这是神的旨意。"如果你看到我从床上飞向了空中，而且变出了20个分身，你会觉得不可思议，但"神"可以很轻松解释这一切："是神让这一切发生的。"然而，解释要有意义，就必须具有一定的局限性，这样我们才可以说："真是不可思议——我想知道这种解释是否正确。"否则，我们就是在浪费时间。

纵观人类历史我们会发现，许多文明从信仰众神逐渐转变为信仰单一的全能神，众神相互竞争（想想洛基给其他北欧众神带来的问题），神界也相应地转变为一神独大的体系。从人类的角度来看，随着一神论的兴起，发生不确定、意外和偶发事件的可能性消失了，所有事件都是预先确定的。当众神势均力敌的时候，人们可以把无法解释的事件归咎为一个神坏了另一个神的好事。但是，当只有一个神主宰一切的时候，就不存在概率和运气之说了。当我们认为宇宙只受一个神的智慧指引时，会将事件的发生归咎于偶然，因为我们不知道事件发生的原因。这样的话，概率就不再是事件发生的根本原因，它只体现了我们对事件成因的无知。这样的转变导致我们认为宇宙是事先确立好的，是按神的总体规划一步步建立起来的。

然而，有时因果链会被打破。此时，一些人声称出现了奇迹。奇迹是无法解释的事件（通常是讨喜的事件），是神造就的，是超自然事件。奇迹类似于其他的违背自然规律的事件，如神秘事件或超自然现象，二者之间关键的区别在于奇迹具有神性，而且通常被认为极为罕见。毕竟，若奇迹时常出现，我们就会把它们视为宇宙的正常现象，也就不会再关注和谈论它们了。

科学的进步给此前的许多奇迹带来了合理的解释，比如日食。对于那些不了解日食成因的人来说，日食的确是奇迹：在白天，周围的一切突然无缘由地陷入黑暗。但在很久以前，科学家们就阐明了形成日食的物理机制，不仅如此，他们还阐明了一些更独特、更著名的奇迹形成的物理机制，比如摩西分红海（Moses's parting of the Red Sea）。圣托马斯·阿奎那（St. Thomas Aquinas）在《反异教大全》（Summa contra Gentiles）中把摩西分红海称为有史以来最伟大的奇迹。对于该奇迹存在几种可能的自然解释。计算机模拟显示，整晚刮起强劲的东风有可能使海水退却，露出大陆桥；另一种可能性是水下地震引发海啸，海水退却，使得大陆桥显现，就像2004年发生的印度洋海啸一样。

伟大的哲学家大卫·休谟（David Hume）也表达了自己对奇迹的看法。他写道："任何证据都不足以确立一个奇迹，除非它的力量太强，使它的'虚妄'比它欲建立的那种事实更为神奇。"换言之，只有在其他解释不太可能成立的情况下，奇迹的证据才具有说服力。其他的解释包括欺诈、错误等等。休谟接着说：

> 某人如果告诉我说，他看见一个死人复活了，那我心里就会琢磨，他是欺骗别人，或受别人欺骗的可能性大呢？还是他所述的事情真正发生的可能性大？我会在权衡各种可能性后，根据我的发现作出判断，而且我总是会排除更不可思议的奇迹。

休谟权衡了各种可能性和奇迹这两种不同的解释，并选择了神奇程度更低的解释（"它的'虚妄'比它欲建立的那种事实更为神奇"）。但是，即使没有其他解释，以"我无法解释它，因此它肯定是个奇迹"做借口也是站不住脚的——任何看过优秀魔术师表演的人都会同意这一点。除了魔术，众人不理解的事物还有很多，比如电视的工作原理，核电站内部的运转，电源插座不漏电的原因或者大型飞机为何不会从天上掉下来，等等。但人们肯定明白这一点：自己无法解释这些现象并不意味着它们就是奇迹。我们认为，对这些现象肯定存在自然的解释，我们只是暂时还不知道罢了！科幻作家亚瑟·C.克拉克（Arthur C. Clarke）的话可谓一针见血，他说："任何足够先进的技术都与魔术无异。"

在日常的会话中，"奇迹"一词被赋予了另一层含义，比如"奇迹减肥药""奇迹般的逃脱""奇迹般的治愈"等，使用它并不表示我们认为真的出现了奇迹，我们只是想表达这样的意思：一些**不大可能发生**的事情在现实中的确发生了。

超心理学与超自然现象

与相信超自然力量和奇迹的人不同，一些人相信心灵感应、预知、意念、超感官知觉（ESP）、超心理学和超自然现象，他们认为这些都以自然规律为基础，只是人类尚未理解这些自然规律。因此，他们通常会用科学的方法验证这些信仰，通过实验测试和检验这些现象。正如我们所看到的，以实验验证奇迹没有意义，因为上帝可运用超自然的力量获得任何他想要的结果。遗憾的是，科学界取得的共识是，没有令人信服的证据证明超能力存在。例如，美国国家科学院（U.S. National Academy of Sciences）的一份报告指出："过去130年的研究没有科学地证明超心理现象存在。"整整130年啊！人们对此的执念可见一斑。

科学家们为检验超自然现象做了各种各样的实验，但只有那些能产生定量结果的实验才易得到科学的评估。在这些实验中，被试常常被要求尝试用意念影响抛硬币或掷骰子的结果，或者尝试用意念改变自然随机事件（如放射性衰变）的分布。

做这些实验时，研究人员面临的一大难题是，即使确实存在意念，它们的影响也非常小。若意念的影响很大，当某人抛硬币时，每次的结果都是正面朝上，那么意念的影响力肯定能得到明证。实际的情况是，研究人员只是在试图确认是否有人能使硬币正面朝上的次数超过一半。他们认为，这刚好足以证明，这种特殊的抛硬币现象没有办法用概率来解释。

这意味着研究人员必须使用统计方法来检测意念的影响，而且结果也极易受到其他微小变化的干扰。例如，若你想研究能否用意念影响抛硬币的结果，假定硬币是正常的，当被试不能靠意念影响抛硬币的结果时，硬币正面朝上和反面朝上的概率应当是一样的。这意味着，如果这些被试没有超能力，那么无论他们抛了多少次硬币，我们都会看到正面朝上和反面朝上的比例大概差不多，虽然不一定完全相等，但差异应该不大。

简单的概率计算表明，当无超能力的被试抛100次硬币时，60次正面朝上的概率是0.028，或者换一种说法，当我们抛100次硬币时，预计只有2.8%的概率抛出60次正面朝上的结果。由于这个概率值很小，因此当某位被试抛100次硬币、正面朝上的次数为60次或更多时，我们可能会想，他或许真的具有某种超能力。

但现在我们假设，实验工具出现了一点瑕疵，比如硬币可能有点弯曲，这导致每次抛硬币时正面朝上的概率不是0.50而是0.52了，即比正常的概率值高了一点点。现在，正面朝上的概率为0.52，抛100次硬币时正面朝上60次或更多次的概率就变成了0.066，即6.6%，是2.8%的两倍多。由此可见，单次抛硬币正面朝上的概率的微小变化（从0.50增加至0.52）使观察结果的概率产生了巨大变化，这使我们认为被试具有某种超能力的概率也增加了。

著名的超心理学家J.B.莱茵（J. B. Rhine）于20世纪30年代至40年代在杜克大学完成了一系列骰子实验，骰子专家约翰·斯卡恩（John Scarne）对这些实验提出了质疑，他认为实验中使用的骰子"有诈"。在莱茵的实验中，被试们被要求以意念控制机械投掷的骰子的点数。莱茵称，实验中使用的都是"商店里常见的骰子"，但斯卡恩指出，商店里出售的骰子与赌场里使用的"完美骰子"截然不同。根据联邦法律的规定，赌场使用的骰子的精度高达1/5000英寸（0.0002英寸，即5.08微米），与大富翁游戏中使用的骰子的精度不同。斯卡恩说："使用商店里出售的骰子必然会导致结果偏离预期，而且偏差值不是恒定的，会随着骰子的磨损而变化。使用公认的不完美骰子做实验，然后得出结论说，出现的偏差是由神秘的心理因素导致的，这种行为会搞乱整个科学界，这样的说辞纯粹是胡说八道。"

一位骰子制造商认同斯卡恩的观点。他说："你可能会在商店里买到一颗完美骰子，但在一个装有60个骰子的盒子里找到两颗完美的骰子并将它们出售给同一买家的概率极小，以至于可忽略不计。实际上，这样的事情从来就没有发生过。"最后这句话让我们不由得想起了博雷尔定律，即概率足够小的事件不可能发生。

可以通过巧妙的设计克服实验中的一些难题。例如，在做抛硬币实验时，可以让被试再抛同一枚硬币100次，只不过这次让他们用意念使硬币的反面朝上。如果被试抛出的反面朝上的次数异常多，那么我们就不能以硬币变形来解释这一结果，因为若是使用了变形的硬币，正面朝上的次数应该更多才对。然而，我们无法确保控制了每一个细微的扭曲和偏差。经常抛硬币的话，硬币的边缘可能会被磨损。也许被试是位魔术师，他有能力欺骗我们（确实存在这种可能性，我们以后会提及相关的例子）；也许我们抛硬币的方式导致了它旋转的圈数是固定的，等等。微小的变化单次的影响可能很小，但对结果产生的累积影响是巨大的。

霍尔格·博世（Holger Bosch）、菲奥娜·斯坦坎普（Fiona Steinkamp）和埃米尔·博勒（Emil Boiler）审视了380项有关心理影响的研究。在这些研究中，被试被要求以意念影响随机出现的0和1序列。他们发现，实验结果与他们此前的分析一致，即随机出现的数字中有更多的结果符合被试的目标值。虽然出现0和1的概率相差很小，但纯粹偶然地出现这种差异的可能性很小，因此，意念的影响似乎是真实存在的，也就是说，某种力量导致了有利于被试目标的结果出现。问题是，这种差异是由参与者的精神力量造成的，还是由其他类似于硬币弯曲的因素造成的。

博世及其同事们提出的一种可能性是，这样的结果可能是由于所谓的发表偏倚（publication bias）导致的。发表偏倚指的是，科学期刊的编辑更可能选择发表实验得出积极结果的文章，拒绝发表实验得出消极结果的文章，这是真实存在的现象。在上述的随机实验中，积极的结果是0和1的比例存在差异，而消极的结果是没有发现这种差异。发表偏倚并不是由于期刊编辑的不诚实或恶意导致的，而是他们潜意识下做出的行为，因为积极的结果更令人兴奋，而消极的结果平淡无奇，不吸引人。

当然，发表偏倚可能是导致上述结果的原因，但并不能证明意念不起作用。不过，若果真如此的话，提出非正统解释的人就得证明发表偏倚与上述结果无关了——别忘了大卫·休谟说过的话，只有在其他解释说不通的前提下，他才会接受这一解释。

倘若上面的论述尚不能让你心悦诚服的话，你可以再听听斯卡恩的观点。他说："我想向莱茵博士请教几个问题。他承认，在超心理学实验中，当实验对象的分数没有达到概率期望值时，他就会剔除这个实验对象，因为他认为不值得对没有超能力或者失去兴趣的人做实验……"斯卡恩暗含的意思是，莱茵将那些实验结果与理论不符的人排除在外了。若莱茵真这么做了，你认为他能从这些实验中得出什么结论呢？要是采用这种策略的话，那我掷骰子时会很容易掷出6点来，因为只要去掉没有掷出6点的记录就可以了。这种偏倚和发表偏倚都是选择偏倚的特例。选择偏倚是普遍存在的现象，指的是最后显示的结果实际上是整个结果的一部分，这个结果是被特别挑选出来的。

弯曲的硬币、磨损的骰子、选择偏倚——在有关超心理学和心理现象的研究历史上，受细微和典型的潜意识扭曲的例子比比皆是，这让人难免对这些研究的结论产生怀疑。此外，历史上还不乏刻意欺骗的研究案例。

19世纪末20世纪初，意大利的通灵者尤萨皮娅·帕拉迪诺（Eusapia Palladino）在举办降神会时，似乎能让两张桌子和自己的身体悬浮起来，还能隔空演奏乐器，还能与死者交流。创造了夏洛克·福尔摩斯这一经典人物形象的阿瑟·柯南·道尔（Arthur Conan Doyle）就被她的"能力"深深折服。但科学家们在调查后得知，尤萨皮娅·帕拉迪诺就是个不折不扣的骗子：她把小物件绑在长头发上，使它们悬浮在空中，在昏暗的降神室内偷偷地用脚操纵它们，等等。这一切可能与她年轻时嫁给了一位魔术师有关。

最近，尤里·盖勒（Uri Geller）在电视节目中表演了用意念让勺子弯曲和让手表指针重新走动，数百万人都观看了他的表演，他也因此名声大振。但是，魔术师詹姆斯·兰迪（James Randi）等人的调查表明，靠一些基本的技巧就可以做到这些，自诩为通灵者的盖勒马上改了口，称自己只是一名"艺人"。

你肯定会注意到，使桌子悬浮，让勺子弯曲，令手表重启，这些人使用"超能力"做的都是琐碎的小事！你可能会认为，拥有超能力的人可以做一些对人类福祉更有益处的大事，因此，只做这样的小事肯定会引起人们的怀疑。你还会认为，这些人肯定会在赌场等场所使用超能力为自己牟利，但赌场等机构的数据表明，他们掷出骰子点数的概率与常人无异。

在有关超能力的科学研究中，科学家做出欺诈行为的例子屡见不鲜。接替莱茵执掌杜克大学准超心理学实验室的研究员沃尔特·J.利维（Walter J. Levy）以及莱茵的助手詹姆斯·D.麦克法兰（James D. MacFarland）均遭受过操纵数据的指控。

发现实验中的欺骗行为不太容易。一般情况下，科学家们不认为大自然会欺骗他们，因此他们不容易察觉出受到欺骗。魔术师则不同，他们是这方面的行家，正因如此，他们成了超能力实验的完美被试。小休伯特·皮尔斯（Hubert Pearce, Jr.）就是莱茵大学实验的被试之一，他在数百次猜牌实验中的正确率为32%，而预期的概率值为20%。然而，当有一名魔术师在场看着他猜牌时，他的正确率下降到了一般水平。这种影响导致一些研究人员提出，超心理能力会受实验对象心态的影响。因此，如果用批判的眼光看待超能力，它就不太可能被表现出来，换句话说就是，信之则有，不信则无。我们不妨把它看作是"抓住最后一根救命稻草"式的解释。

尽管如此,相信超能力的人和不相信超能力的人确实不同。神经科学家彼得·布鲁格(Peter Brugger)和克尔斯滕·泰勒(Kirsten Taylor)发现,相信超能力和相关现象的人认为,随机发现的数字序列巧合更有意义。这两类人做出的行为也不同。例如,当被试被要求写出随机数字序列时,相信超能力的人往往会避开连续的数字,而在真正的随机数字序列中通常包含两个、三个或多个重复数字。

再现了盖勒的"通灵行为"的詹姆斯·兰迪以揭露通灵骗局闻名,他本人就是一位魔术师,很清楚这一行的内幕。为了调查超自然现象,他成立了詹姆斯·兰迪教育基金会(JREF)。以下这段话摘录自该基金会的网站:

> 詹姆斯·兰迪教育基金会向任何能在适当的观察条件下展示任何超自然或神秘力量或事件证据的人提供百万美元奖金。基金会不参与测试过程,只帮助设计测试流程和满足测试的条件。所有测试都是在申请人的参与下设计的,且需要经过申请人的认可。在大多数情况下,申请人要接受一次简单的初步测试,通过初步测试后将完成正式的测试。初步测试通常由基金会的合作伙伴在申请人的居住地完成。成功完成初步测试后,"申请人"就会变成"受试者"。

截至目前,还没有人通过这一初步测试。

共时性、形态共鸣和其他

对于球掉进酒杯这类罕见事件,盲信、预言、神灵、奇迹、通灵现象和超自然力量都是可能的解释,除此之外还有许多其他的解释。精神分析学家卡尔·荣格认为,当巧合出现的频率太高时,我们就无法称之为"巧合"了,因此他提出了"共时性"理论。他认为"这种假设性因素作为一种解释原则与因果律具有同等的效力"。他指出,因果律必然涉及力量或能量,距离会削弱物理力量,或导致能量的传输需要一定的时间完成,而超心理力量不受距离的影响,因此无法以因果律来解释精神现象。他写道:"这不可能是因果关系问题,而是同时发生的问题,是一种同时性。"由于这一思想超越了一般的物理学领域,他觉得有必要为它取一个新名字,即"共时性"。他继续写道:"共时性这一概念指的是两个或多个具有相同和相似意义的无因果关系的事件同时发生,它与'同步性'是有区别的,后者仅指两个事件同时发生。"[1]

但荣格是一位精神分析学家,而不是一位统计学家。他对量化现象不感兴趣,自然也不会量化像机会这样棘手的概念。此外,他有关共时性的例子和他对这一概念的阐述或多或少地带有主观色彩。我们来看看他举的一个例子。

> 我有一位男性患者,五十多岁。他的妻子曾告诉我,在她母亲和祖母去世时,她们的房间外聚集了许多鸟。我从其他人那里也听到过类似的故事。当这位患者的神经衰弱症近乎痊愈、治疗接近尾声时,他出现了一些看似无碍的症状,但我认为,这些症状表明他的心脏出了问题,因此我让他去找一位专家看一看。专家检查完告诉我,他的身体没什么问题。在回来的路上(医疗报告就装在他的口袋里),这位患者倒在了大街上,等到他被带到家时已经奄奄一息了,而他的妻子早就处于极度焦虑的状态了,因为在她丈夫去看医生后不久,她就看到有一大群鸟落在了他们的房顶上。她自然想起了母亲和祖母去世时的情形,担心死神降临。

---

[1] 出自荣格所著的《共时性》。关于荣格提出"共时性"一词,亚瑟·科斯特勒(Arthur Koestler)在1972年出版的《巧合的根源》(The Roots of Coincidence)一书中写道:"有人好奇,为何荣格不嫌麻烦,非要创造出一个具有同步性意思的新词,然后又解释说这个词不是那个意思,其实根本没有这个必要。不过,晦涩冗长正是荣格的写作风格。"

我们还是理智地看待这个例子吧。也许鸟儿们聚集在窗外是因为房子很暖和，小鸟们都喜欢聚集在温暖的地方。此外，我们无法评估这些鸟儿多久会在屋顶上聚集一次，特别是当鸟儿落到屋顶上时，屋子里的人不容易察觉出来。

荣格接下来的描述让整个故事显得更加离奇古怪了，他写道："死亡和鸟儿聚集似乎不存在关联。然而，当我们想到巴比伦地府中的灵魂穿着'羽毛裙'、古埃及人认为灵魂会幻化成鸟时，把鸟儿视为死亡的象征就显得不那么牵强了。"不牵强吗？也许吧，不过要知道，对于你能想象到的任何类型的迹象和预兆，你都能从古代宗教中找到与之相匹配的特征。

考虑到巧合能激发人的好奇心，荣格觉得有必要提出一种超越物理定律的解释。这样的想法并不奇怪，许多人都是这么想的。奥地利生物学家保罗·卡默尔（Paul Kammerer）提出了"连续性法则"（the law of seriality）的概念，并在《连续性法则》（*Das Gesetz der Serie*）一书中详细阐述了这一概念。卡默尔收集了数百个明显的巧合数据，并把它们分门别类。然后，他依照三个原则提出了可以解释这些巧合的一套理论。第一条原则是持续性，类似于物理学中的惯性。系统存在的时间越长，其持续性就越强，当系统崩溃时，分裂的部分仍然会保留原系统的印记。未来当两个部分相遇时，旁观者会认为发生了无法解释的巧合。第二条原则是模仿性，描述的是系统实现平衡或形成共鸣的方式。第三条原则是吸引力，指的是物以类聚的趋势。

卡默尔的思想和最近提出了形态共鸣理论的生物学家鲁伯特·谢尔德雷克（Rupert Sheldrake）的思想存在一些相似之处。谢尔德雷克认为，如果一个事件发生在某个地方，那么类似的事件更有可能发生在其他地方，因为（他认为）自然界存在一个组织事件和结构体的形态场。他举出的例子包括，处在不同地点、不可能相互模仿的鸟类同时学会了如何啄开牛奶瓶上的银色盖子；美国的老鼠学会了如何走出迷宫后，英国的老鼠也掌握了这一技能。

共时性、连续性和形态共鸣等概念都是为了解释罕见的现象而提出来的，它们可以弥补我们对因果关系认识的无知和不足。20世纪之前的科学思想同样认为，人类对宇宙的核心信息缺乏了解。

发条宇宙

从17世纪到20世纪初，科学家们对大自然的运行机制有了更深入、更全面的了解，他们总结出了各种各样的定律，用以描述行星在太空中的运行、电荷和电流的流动、气体的膨胀和收缩、彩虹的颜色以及其他诸多物理现象。对大自然的深入理解不仅让人类具备了一定的预测能力，而且还促进了新技术的发展，提高了人类改造大自然的能力。

这些科学定律都是确定无疑的，是可以用数学方程式表达的，它们揭示了自然界内物体的行为方式。只要我们知道了一个物理系统的初始状态，那么我们就可以根据牛顿定律、气体定律、麦克斯韦方程组等推定它将如何随时间的推移而演变，以及以后会发生什么。从科学的角度来看，宇宙中没有什么是不确定或不可预测的，至少从理论上看是如此。在这些定律基础上发展起来的科学技术取得了巨大的成功，这也充分表明它们大致是正确的。

伟大的数学家皮埃尔·西蒙·拉普拉斯（Pierre Simon Laplace）阐述了这些定律背后的基本假设前提。他写道："一个有智慧的生命，如果它在某个时刻知道了使自然界具有活力的所有力量，知道了构成自然界的所有元素的状况，而且能够收集到分析需要的所有数据，那么在它眼里，无论是宇宙的运动，还是最微小的原子的运动，没有什么是不确定的。未来和过去均一览无遗。"

这种自然观有时被称为发条宇宙论，即宇宙是沿着确定的路径运行的，如同上了发条滴答作响的老式钟表。例如，任何你无法预测的事物，比如闪电，从理论上看都是可以预测的，你无法预测它仅仅是因为你对它的形成条件或形成过程一无所知。随着科学的进步，这类无知会逐渐消失。

但此后这种观点出了一些小漏洞。到了20世纪，这些漏洞逐渐演变为巨大的鸿沟。人们发现宇宙似乎不是确定的，其运行具有随机性和偶然性。

随机性、机会和概率也促成了不大可能事件的出现，我在第一章中描述的不大可能发生的事件就是范例。尽管这些事件让人觉得不可思议，而且完全不可预测，但事实上，它们的发生有其必然性，不需要借助神秘因素进行解释，也就是说，不需要借助盲信、奇迹、神仙、超自然力量来解释它们，也不需要借助共时性、连续性、形态共鸣或任何其他想象中的"小精灵"来解释它们，只需要运用概率的基本法则即可。

我们将在下一章探讨这些基本的法则，它们是构成非概率原理的基础。

第三章

机会是什么

人生充满了机会。

——戴尔·卡耐基（Dale Carnegie）

1986年，英国东约克郡（East Yorkshire）的洛克丁顿（Lockington）发生了一起火车事故，造成了9人丧生，比尔·肖（Bill Shaw）幸免于难。虽然火车事故极受媒体的关注，但幸运的是，它们非常罕见：2001年，英国每10亿乘客英里的事故死亡人数大约为0.1人，这意味着乘火车是非常安全的出行方式。因为火车事故极为罕见，所以夫妻双方分别遭遇不同火车事故的可能性非常低。然而，这么罕见的事情却发生在了比尔·肖和他的妻子金妮身上：在肖遭遇火车事故且幸免于难15年之后，他的妻子金妮也在一次有10人丧生的火车事故中幸免于难。这两起事故都是因为轨道上出现了车辆导致的。"我简直不敢相信她说的话，"比尔·肖想起了那天早上7点钟接到妻子电话时的情形，"听起来就好像有人想让她体验一遍我所经历的一切似的……不可思议的是，我遭遇的那起火车事故是因为一辆货车卡在了轨道上导致的，金妮遭遇的事故也是同一原因导致的。这真是奇

怪的巧合，令人难以置信……似乎是由于某种非常奇怪的原因，让我们一家人在错误的时间出现在了错误的地方。"

任何人在遇到肖夫妇这样不幸的巧合时都想深究一番。这类巧合，或者说一般意义上的巧合是否存在一些共性，了解了它们有助于我们理解巧合出现的原因？

"巧合"（coincidence）一词有多种定义。统计学家佩西·迪亚科尼斯（Persi Diaconis）和弗雷德·莫斯特勒（Fred Mosteller）将其定义为"没有明显因果关系，但在意义上有联系的事件令人惊讶地同时发生"。《简明牛津词典》（*Concise Oxford Dictionary*）将其定义为"没有明显因果关系的事件或情况令人惊讶地同时出现"。维基百科的定义则更为详细："两个或两个以上的事件或条件同时出现，它们在时间、空间、形式或其他方面具有密切的关联，但在观察者的理解范围内，这些事件或条件似乎不太可能存在因果关系或由相同的原因导致。"

从第一个定义可知，巧合必须具有令人惊讶的要素。当我读到本书某章的结尾时，外面开始下雨了，我不会说："哇，真巧啊！"巧合还必须涉及多个事件：单个非同寻常的事件发生是一回事，两个或两个以上的事件接连发生又是另一回事。如果我的椅子腿在一声惊雷响起时断掉了，我可能会怀疑这不是偶然事件。2013年，就在教皇本笃十六世（Pope Benedict XVI）宣布辞职几小时后，罗马圣彼得大教堂（St. Peter's Basilica）就遭雷劈了，许多人都注意到了这次巧合。

该定义还指出，尽管事件之间不存在明显的因果关系，但从意义上看它们必须有联系。两个风马牛不相及的事件，不管多么令人惊讶，也不会引发人们的关注和讨论。晚上9点钟你在娱乐场看到轮盘里的球落在了7号上，3天后你下班回家下出租车时鞋跟掉了，你不会认为这两件事情有什么联系。它们怎么可能有联系呢？我们周围一直在发生着数不清的事件——人生本来就是由一系列事件组成的，所以巧合必须是以有意义的方式联系起来的特定事件。这种联系可能只体现在时间上，比如我的椅子腿断掉和雷声响起，但不存在明显的因果关系。如果你看到轮盘里的球落在了7号时你踩了踩脚，导致鞋跟掉落，你也不会认为这是巧合，因为二者之间存在因果关系。2001年9月11日，美国国家侦察局（the National Reconnaissance Office）计划举行一次演习，演习内容包括一架出了故障的私人飞机撞上位于弗吉尼亚州尚蒂利（Chantilly）的该局总部，这里距华盛顿杜勒斯国际机场约6.43公里。当天上午8点10分，即演习开始前约一个小时，美国航空公司77号航班从杜勒斯国际机场起飞，随后被劫持。一个半小时后，遭劫持的这架飞机撞上了五角大楼。现实和演习看起来太相似了，以至于我们无法否认它们之间存在有意义的关联，但它们之间确实不存在因果关系。

对于令人吃惊的、同时发生的事件，人们提出了多种解释。其中的许多解释都借助了我们熟悉的自然界之外的力量和原因，换句话说，是超自然因素。非概率原理提供了另一种以科学而非超自然因素为基础的解释。一切都取决于我们对"可能的"一词的解释。

概率的含义

概率是一个历史悠久的概念，但也是一个让人挠头、颇有争议的概念。早在1954年，一所顶级统计学院的创始人伦纳德·吉米·萨维奇（Leonard Jimmie Savage）就曾经说过："至于概率是什么……自巴别塔事件以来，很少有像它这么分歧大和难以沟通的概念。"幸运的是，自那以后，情况有所改善了。现在的科学家和统计学家们都认识到，概率有很多种，不过由于人们仍然在使用这个词，因此出现混淆的情形在所难免。在专业性的讨论中，人们通常会在其之前加上限定性的形容词，比如"推断概率""主观概率""逻辑概率"等等，这样能更准确地表达其含义。稍后我会介绍不同类型的概率。

人们很容易把"概率"和其他关系密切的概念相混淆，包括几率、不确定性、随机性、偶然性、运气、幸运、命运、侥幸、风险、危险、可能性、不可预测性、倾向性和意外等。其他一些概念的含义也与概率相似，比如怀疑、可信度、信心、合理性和可能性以及无知和混乱。

"probable"（可能的）一词与"approve"（批准）、"provable"（能证实的）和"approbation"（证实）源自同一个拉丁语词根（probare），最初都具有测试或证实的意思。爱德华·吉本（Edward Gibbon）在《罗马帝国衰亡史》(*Decline and Fall of the Roman Empire*)所写的即是明证，他写道："按鲁菲努斯（Rufinus）的说法，根据条约的规定要立即供应粮食，西奥多里特（Theodoret）认为波斯人忠实地履行了这一义务，这可能（probable）是事实，但无疑是假的。"从这个例子中我们也可以看出，自吉本时代以来，这个词的含义发生了巨大的变化：现在"probable"一词的意思是"可能的"，与"无疑是假的"意思完全相反。

安托万·阿尔诺（Antoine Arnauld）和皮埃尔·尼科尔（Pierre Nicole）在1662年出版的《逻辑或思维的艺术》①（*La logique, ou l'art de penser*）一书中批判了"或然论"（probabilism）原则。按照这一原则，人们在评判事务时应当诉诸权威。这本书还是最早使用现代意义上的"概率"一词的著述。从这本书中，我们可以看出"真理"观是如何从中世纪的诉诸权威转变为诉诸科学证据的。

我把事件发生的概率定义为"事件可能发生的程度"或者"相信事件可能发生的强度"，它们都强调了事件发生的不确定性，并传达出了这样的意思：大概率事件极有可能发生，小概率事件不大可能发生。"程度"和"强度"两个词均表明，概率是可以衡量的，或者至少可以用数值表示。但这些定义极具欺骗性，因为它们实际上并没有告诉我们任何事情。"可能"一词不好把握，不同的表述只是同义反复，没什么参考价值，因此我们需要进行深入的探究。

用数字描述某一事物时，我们享有一定的自由，比如在描述身高时，我们可以选择以英寸做单位，也可以选择以厘米做单位。为了消除概率表达中的模糊

---

① 通常被称为《逻辑》或《波尔-罗亚尔逻辑》（*Port Royal Logic*），后者以詹森教派的波尔-罗亚尔修道院命名。1662年，安托万·阿尔诺和皮埃尔·尼科尔匿名出版了该书，布莱斯·帕斯卡可能撰写了该书的部分内容。

性，科学家将概率值限定在了0到1之间（包括0和1）。0对应不可能发生的事件：任何事件，其发生的概率都不可能小于其绝不可能发生的概率，因此概率值不可能小于0。同理，1对应必定会发生的事件：任何事件，其发生的概率都不可能大于其一定会发生的概率，因此概率值不可能大于1。一定会发生的事件很无趣：你所能做的就是等待它们发生。绝不可能发生的事件也是如此：你所能做的就是坦然接受它们不可能发生的事实。具有不确定性的事件才是有趣的（至少我们在本书中证明了这一点）：它们有可能发生，也有可能不发生，我们无法确定。可能发生也可能不发生的事件，其发生的概率介于0和1之间，概率值越小，事件发生的可能性就越小；概率值越接近1，事件发生的可能性就越大。在这本书中，我们关注的是极不可能发生的事件，也就是概率值非常接近于0，但又不等于0的事件。这种极不可能发生的事件徘徊在不可能发生和可能发生的边界，不过它们真的非常有趣。

另一种表达概率值的方法是"几率"。在赌博、体育和金融领域，这个词常被提及，它只不过是概率的另一种表达方式而已。事实上，确定几率的方法有好几种，其中最简单的是计算概率的比率。我错过火车的几率就是我错过火车的概率与我没有错过火车的概率的比率。你打出本垒打的几率就是你打出本垒打的概率与你没有打出的概率的比率。如果一个事件绝不可能发生（概率为0），那么其发生的几率也就为0。如果一个事件确定会发生（概率为1），那么它发生的几率就是无穷大（1除以0等于无穷大）。可以用几率表达的事件肯定也可以用概率表达。科学家们喜欢使用概率而不是几率，不过后者在某些医学领域倒是很常见。

人们也常用"机会"一词代替"概率"。从技术上讲，事件出现的"机会"与该事件的"概率"相同，但机会通常被用在不太正式的场合，也很少与数值相关联，比如我们谈论下雨的可能性时会用到"机会"。

"运气"是暗示了结果好坏的概率。当不大可能发生的倒霉事件发生时，我们就说运气不好，比如遭遇车祸、在大晴天出门却突然被阵雨所困、被雷劈中等。一个人横穿有12条车道的高速公路时被车撞倒，我们不会认为他是不幸的。但是，若他在静谧的乡村小道上被车撞了，我们很可能会这么说。当不大可能发生的好事发生在我们身上时，我们就会说自己很幸运。而"幸运"本身也是一个与概率密切相关的词。有些人可能幸运地中了奖，有些人可能不幸地在错误的时间出现在了错误的地方。

与运气一样，"风险"一词暗示了事件发生的可能性及结果的价值或效用，只不过它只涉及不利的结果，例如被汽车撞倒或食物中毒的风险，我们通常不会说考试及格或买彩票中奖的风险。

"随机性"是另一个与概率关系密切的概念。令人困惑的是，在不同的领域里，其含义既有不同也有重合。在统计学中，如果数字序列中下一个出现的数字无法预测，那么该数字序列就是随机的。而在算法信息理论中，若数字序列不能用简短的方式表述，则该数字序列就是随机的。例如，由同一个数字组成的序列33333333333333333333肯定不是随机的，因为我们很容易用简单的方式把它描述出来（20个3），但对于37686332408651378654这样的数字序列，我们无计可施。

在这里我还应该提到"混沌"一词，因为它也与随机性有关。如果我们完全了解混沌系统的初始值以及它随时间演化的规律，我们就可以预测它生成的数字序列。然而，不幸的是，我们永远无法完全了解精确到小数点后无穷多位的初始值。混沌理论的创始人之一爱德华·罗伦兹（Edward Lorenz）一语道破了它的实质："所谓混沌，是指现在决定未来，但近似的现在并不近似地决定未来。"[①]遗憾的是，我们对现在始终只有近似的了解。我将在后面进一步讨论这个问题。

有这么多描述概率及其相关概念的词可能不是巧合。不确定性和不可预测性是人类存在的奥秘，对我们理解宇宙也极为重要。它们与宿命和自由意志的概念

[①] 传说罗伦兹拜访马里兰大学（the University of Maryland）教授尤金妮亚·卡尔奈（Eugenia Kalnay）时在一张纸上写下了这句话。

密切相关：根据定义，偶然出现的结果是无法被预先确定的。随机性和可预测性是相互排斥的：认可了一个就意味着要否认另一个。而且，与其他理解人类至关重要的基本概念一样，概率和相关的概念经常被拟人化，比如我们常常说"幸运女神""命运女神"和"诱人的命运"等。

概率来自哪里

我们在前文提到过古人如何利用杯底的茶叶和蓍草等工具得到随机的结果，进而根据这些结果作出预测。人工制品也可产生随机的游戏结果，现代的例子包括骰子和摇奖机等。摇奖机的种类有很多，有的设计精妙，结构复杂，例如在滚筒内放有带编号的球，机器转动时，一次摇出一个球，或者在垂直圆柱体内放有带编号的球，风扇转动时，球从顶部的孔中一个接一个地被吹出来。通常情况下，滚筒或圆柱体是透明的，这样能够吊足观众的胃口。随机装置，无论是用来占卜还是用于摇奖，都已经具有数千年的历史了。

已知最早的一种随机装置是距骨，就是动物的关节骨或脚跟骨。古埃及墓穴里的图案清楚地表明，当时的人们会用距骨玩机会游戏，就跟玩骰子游戏一样。不过，有关距骨的不同面出现频率的早期记录很少。但这样的记录至关重要，这是量化概率的关键，即用数字记录下各个面出现的可能性。在中世纪的《德维图拉》(*De Vetula*)（创作于1220—1250年）这首风格特别的诗里出现了3颗骰子的点数记录，但直到17世纪，点数的记录才变得普及开来。大约在1620年，伽利略研究了掷3颗骰子时可能出现的点数。到了17世纪中期，人们对概率的理解开始突飞猛进。

虽然偶发性事件无法预测，但认识到它们可能具有某种规律性则需要我们大幅提高理解能力。抛一次硬币时，我们不知道它会正面朝上还是反面朝上，但我们知道，抛1000次硬币时，大约会有500次正面朝上。认识到这一点是观念上的飞跃，其意义不亚于我们认识到重力是万有引力的一个分力。

即使是在今天，许多人仍然难以理解偶发性事件的某些属性，这正证明了我们在认知方面取得的进步有多大。例如，人们都知道掷硬币时（在没有猫腻的前提下）正面朝上的概率为一半，当观察到前10次中正面朝上的次数比较多时，许多人就预期在之后的抛掷中，反面朝上的次数会多一些，但事实并非如此。持这种错误看法的人非常多，以至于出现了描述这种现象的专门用语，即赌徒谬误（the gambler's fallacy）。

实际情况是，在后来的抛掷中，硬币正面朝上和反面朝上的次数基本相同，最初正面朝上的优势逐渐变得不那么明显了，因此总的来看，正面朝上和反面朝上的概率各为一半。举例说明，假设在前10次抛掷中碰巧有8次正面朝上，即正面朝上的比例高达80%，但接下来的10次抛掷中不可能只有2次正面朝上。更确切地说，在接下来的10次抛掷中，正面朝上的次数仍然约为5次，就像任意10次抛掷中出现的结果一样。当然，正面朝上的次数可能多于5次，也可能少于5次，但最常见的结果是接近于5次，与5差距越大，出现的可能性越小。在前20次抛掷中，我们预计正面朝上的次数大约为8 + 5，即13次。13/20等于0.65，这比最初的10次抛掷中观察到的正面朝上概率值（0.8）更接近于预期的概率值（0.5）。在接下来的10次抛掷中，正面朝上的高比例并不是被多出来的反面朝上的次数所抵消的，而是被抛掷硬币总次数的增加稀释了。

你可能会认为这样的结果有违直觉，而且你觉得赌徒谬误很有道理，实际上有相同想法的人有很多。从有违直觉这一点来看，在数学领域内，没有哪个概念能与概率匹敌了。即使是最杰出的数学家也可能在它面前栽跟头。我们在这里只需要记住这一点：单次事件的结果是无法被预测的，但多次事件的结果是可以被预测的。

在17世纪之前，由于偶发性事件被视为不可预测的，试图量化概率的想法被视为天方夜谭。既然投掷骰子后，其6个面中的任何一个面都有可能朝上，那你就不可能知道哪个面会朝上，这是当时人们熟知的定论。早期的随机装置（如距骨或罗马骰子）无法被制作得一模一样，导致投掷不同的骰子时，各面朝上的概率会略有不同，这一事实使得量化概率的想法变得更加不可行了。①

值得注意的是，"机会可以量化"的观点与"宇宙在本质上是确定好的"的观点是在同一时期出现的，即艾萨克·牛顿（Isaac Newton）、罗伯特·胡克（Robert Hooke）、罗伯特·波义耳（Robert Boyle）、戈特弗里德·莱布尼兹（Gottfried Leibniz）和克里斯蒂安·惠更斯（Christiaan Huygens）等人为科学奠定基础之时。此前我把他们的思想阐释为钟表机械宇宙观，即事物遵从明确的物理因果定律，并沿着既定的路径发展。问题是，随机性与确定性的宇宙观是不相容、相互对立的。实际上，说两者具有互补性可能更合理一些，因为确定性科学的进步逐渐减少了因无知引发的不确定性。从这个角度来看，人类对这两方面的理解能同时取得进展就不足为奇了。此外，梳理物理定律时养成的思维习惯会启发我们以类似的量化方法理解偶发性事件。一旦理解自然物理定律的行为不再被视为亵渎神明之举，那么通过偶发性事件来预测可能的结果也就不会再被视为亵渎神明了，哪怕这些事件的发生被视为是神明的安排。

对概率理解的转折出现在17世纪中叶之后。其间出现了以概率为主题的著作，而且大多探讨的是赌博问题。克里斯蒂安·惠更斯（Christiaan Huygens）撰写的《论赌博中的计算》（*De Ratiociniis in Ludo Aleae, On Reasoning in Games of Chance*）于1657年出版；吉罗拉莫·卡尔达诺（Girolamo Cardano）撰写的《论赌博游戏》（*Liber de Ludo Aleae*）于1663年出版（但此书完成于1563年或更早）。除了在概率论方面有所建树，惠更斯还因在天文学和物理学领域的卓越贡献而举世闻名（他被誉为"荷兰的牛顿"），而卡尔达诺在代数、流体力学、力学和地

---

① 不过，哲学家伊恩·哈金（Ian Hacking）在其所著的《概率的出现》（*The Emergence of Probability*）一书中称，他花了一个下午的时间在开罗文物博物馆（Cairo Museum of Antiquities）掷骰子，他发现这些骰子"十分均衡"。他说："事实上，有两个骰子外形看起来不规则但受力很均衡，估计是制造者为了使骰子受力均衡故意让它们的外形看起来不规则的。"（也就是说，骰子各个面朝上的概率相等，或者说骰子各个面朝上的概率近乎相等，以至于他投掷了一下午都觉察不出差异来。）

质学领域均成效卓著，这说明确定性科学理论的发展和对概率的理解是齐头并进的。1671年，荷兰政治家和数学家约翰·德·维特（Johan De Witt）撰写的《终身年金与赎回债券的价值比较》(*Waardije van Lyf-renten naer Proportie van Los renten The Worth of Life Annuities Compared to Redemption Bonds*）一书出版，阐述了如何计算终身年金的价值。终身年金是指，人们在支付一笔总额后，一直到去世前均可获得固定的收入，支付的总额与受领人每年的死亡概率有关。

在概率研究历史上，点数分配问题（the problem of points）是很重要的一段插曲。它探究的是，当赌局过早结束时，如何分配赌资的问题。1654年，皮埃尔·德·费马（Pierre de Fermat）和布莱斯·帕斯卡（Blaise Pascal）在一次通信中最终解决了这个问题。但是，据相关的意大利文献记载，这一问题的解决之道最早可追溯至1380年，之后在1494年卢卡·帕西奥利（Luca Pacioli）、16世纪初吉罗拉莫·卡尔达诺、1558年乔瓦尼·佩弗隆（Giovanni Peverone）的著述中均有所提及。费马和帕斯卡的通信是路易十四的朝臣、接受过良好教育的梅雷骑士（Chevalier de Mere）（当时人们喜欢称他为"赌徒"）促成的，正是他向帕斯卡提出了这个问题。当赌局提前结束时，每位玩家赢得的点数是已知的，赢得赌局所需的总点数也是已知的。问题是，每位玩家赢得赌局的概率是多少？如果我们可以确定这一数据，我们就可以按此概率分配总赌资，这样即使赌局提前结束，也可以在玩家间达成公平的分配方案。如果每位玩家赢得每一点数的概率相同，我们就可以计算出在赌局持续的情况下，每位玩家获得赢得赌局所需的点数的概率，这也是他们获胜的概率。

如果基本结果出现的概率相同（比如抛一枚硬币时正面朝上和反面朝上的概率相同，或者掷一颗骰子时任何一面朝上的概率都是1/6），那么计算出更复杂的概率结果并不难（例如，抛三枚硬币时，它们都正面朝上的概率，或者投掷两颗骰子时，它们都6点朝上的概率）。但在其他情况下，比如基本结果出现的概率不相同，甚至连基本的结果是什么都不得而知时，计算概率会变得非常困难。例如，若要计算你明天出门时滑倒的概率，你要如何应用等概率结果的概念呢？《波尔-罗亚尔逻辑》是最早探讨这类情形的著述。

17世纪播下的研究机会和概率的种子逐渐长成了参天大树。1713年，雅各布·伯努利（Jacob Bernoulli）撰写的《猜想的艺术》（*Ars Conjectandi, The Art of Conjecturing*）一书问世；1718年，亚伯拉罕·德·莫伊夫（Abraham de Moivre）的《机会学说》（*The Doctrine of Chances*）出版，一个全新的世界展现在了人们眼前。

但赌博并不是促进概率研究的唯一驱动因素。17世纪，伟大的数学家莱布尼兹就曾经提出过将概率应用于解决法律问题的想法。这样的设想似乎很合理：毕竟，法院在判决时经常遵循"排除合理怀疑"和"可能性平衡"原则，但不幸的是，法律界的表现表明，这场始于17世纪的理解概率的革命尚未成功。即使是在今天，法院也很少采用正式的概率计算方法。在统计学家和律师之间开展的一次大讨论中，英国杰出的律师大卫·纳普利爵士（Sir David Napley）就坦率地发表过自己的看法，也说出了业内大部分人的心里话，他说："这里讨论的大部分内容在我听来就像天书一般，我根本听不懂你们在说什么。请记住，普通律师甚至不会用计算机算数字。我们面对的是我们根本不了解的领域。"我不知道你们怎么看，但这番话让我很难对法律界运用概率方法解决问题抱有信心！

我们已经看到，思考概率在赌博和法律领域的作用能促进思想家对概率的理解，但它还有许多其他方面的影响。

布莱斯·帕斯卡曾经提出过遐迩闻名的帕斯卡的赌注（Pascal's wager）。他在1670年出版的遗作《思想录》（*Pensees*）中辩称，由于永恒的幸福具有无限的价值，追求宗教生活才是理性的选择。这是因为，即使宗教生活产生永恒幸福的可能性很小，但一个微小的概率值乘以一个无限大的结果后，得到的值还是无限大的。他写道："若上帝存在，他必然不会被世人所理解，因为他既没有各个部分又没有任何限度，与我们完全不同。因此我们既不可能知道他究竟是什么，也不可能知道他是否存在。……你不得不赌；你不是自愿的，但你已经上了牌桌，你没有其他选择。那么你会选择哪一方呢？……让我们思考一下赌上帝存在的得失吧。我们权衡这两种情形：如果你赢了，你会赢得一切；如果你输了，你会一无所失。既然如此，你根本不需要迟疑，大胆去赌上帝存在吧。"从那以后，帕斯卡的赌注就成了哲学家们津津乐道的话题。将不同的结果和它们出现的概率相乘的做法是现代决策理论（decision theory）的基础，是一种确认最佳选择的数学方法。

探究机会和概率也是我们理解商业世界的迫切需要。17、18和19世纪，全球贸易的增长迫使各个国家和私营公司设想应对海难和其他意外灾害的方法。保险可以弥补此类事件造成的损失，但前提是存在可以量化此类不幸事件发生可能性的方法。一种方法是分析大量的历史航行数据，看看出现灾难性事件的比例有多大。发现这类事件背后的某种规律后，就像多次抛硬币后发现正面朝上和反面朝上的比例近乎相等一样，人们就可以估计下一年有多大比例的船只能安全抵达目的地了。这些思想为日后的精算奠定了基础。虽然在概率论正式诞生之前就出现了保险和年金的概念——最早可追溯至古罗马时代，但在那个时候，费率的设定更像是一门艺术，而非科学。

在最初的概率研究兴起两个世纪之后，比利时统计学家阿道夫·凯特勒（Adolphe Quetelet）将精算概念应用于更广泛的人类活动中，从而为现代社会统计学奠定了基础。凯特勒也促成了英国皇家统计学会（British Royal Statistical Society）的成立。凯特勒的思路与前文提及的相同：虽然我们无法预测任何个体的行为，但我们能够从足够多个体的行为中推断出总体的行为规律。

图3.1是根据凯特勒所著的《论人及其能力的发展》（*A Theise on Man, and the Development of His Facilities*）一书中的数据绘制而成的，这本书的法语版于1835年问世，英文版于1842年问世。该图显示，从1817年到1825年，法国塞纳省每年通过各种方式（或者凯特勒所说的"毁灭模式"）——溺水、中枪、窒息、坠落、

勒死、自切、中毒——自杀的人中，比例最高的是"溺水"。

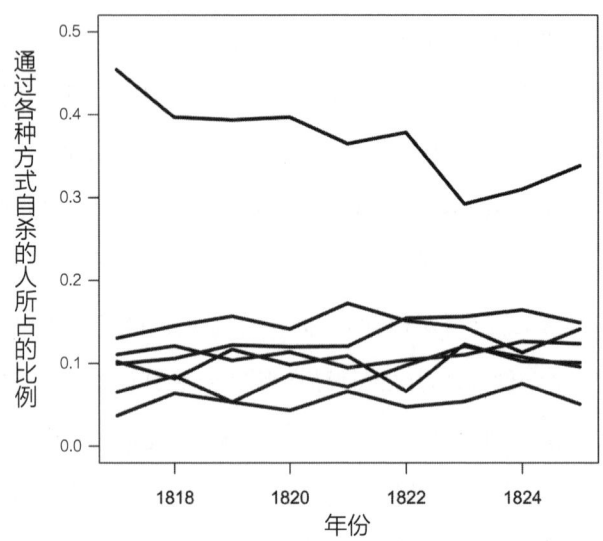

图3.1　1817年到1825年，法国塞纳省各种自杀方式所占比例

我们无法确定某个人会选择以什么方式自杀，但概率会帮助你判断。

从古代的机会游戏到近现代法律、商业和其他领域的应用，我们对概率的理解一直在不断加深。但请注意，概率是一个相当狡猾的概念，即使我们自认为对它有了十足的把握，我们也有可能被它蒙骗。现在我们就来看一些相关的案例吧！

概率的三个经典解释理论

如果我们要用概率思想揭示现实世界，我们就要对它有非常明晰的认识。不幸的是，正如我此前指出的，概率有很多种。我提出了两种非正式的定义："事件可能发生的程度"和"相信事件可能发生的强度"。虽然这两个定义明显不同，但奇怪的是，它们可以用相同的数学方式表达。稍后我会做详细介绍，读者可以先回想一下之前看到的内容：概率是介于0到1之间的数值，0表示事件不可能发生，1表示事件必定发生。这样的表述对两种非正式定义均适用。更深层次的例子是，当两个事件不能同时发生时，例如掷一颗骰子时不可能同时显示2点和3点，那么掷出2点或3点的概率就是两个事件独立发生的概率之和（在这个例子中是1/6+1/6=1/3）。这被称为概率的加法法则（rule of addition），这一法则对上述两个定义均适用。

定义的数学表达方式非常简洁直观，这便于科学家和统计学家计算两个事件同时发生的概率，或者一个事件发生时，另一个事件发生的概率。到目前为止，被使用得最广泛的表达方式出自俄罗斯数学家安德烈·科尔莫戈罗夫（Andrei Kolmogorov），他在经典大作《概率论基础》（*Foundations of the Theory of Probability*）一书中介绍了这种方法，这本书最初于1933年以德文出版。事实证明，如果我们要达成一致（例如，概率值不能大于1），我们就必须使用科尔莫戈罗夫等人所介绍的数学方法。在实践中，这意味着无论我们对概率持何种哲学观点，依据非概率原理推算的结果都会保持不变。

我不打算详细介绍科尔莫戈罗夫的概率公理化理论（axiomatization），但在下一节中，我将介绍由它推导出来的一些最重要的基本规则。我们先暂时忘却上文列出的两个概率的非正式定义：它们不是思考概率实质的唯一方式。不同的定义都捕捉到了概率本质的某些方面，但似乎没有一个能全面地概括它。要全面地了解事物就需要从多个角度观察它，只有看过1971年发行的银币的两个面后，你才知道它的一面印着艾森豪威尔的头像，另一面印着阿波罗11号登月的标志。一个更高层次的例子是，物理学家为了解释光子在不同环境下的行为会同时测定其粒子性和波动性。

经典的概率解释理论有：频率论（frequentist）、主观论（subjective）和古典论（classical），还有其他解释理论，我会在本节末尾处阐述其中的一些。各种解释理论之间关系错综复杂，我无意在这里解释它们之间的关系。我只是想说，随着时间的推移，它们之间的差异会逐渐显现出来。事实上，要弄清楚它们之间的差异需要经过深入的思考。

第一种经典的概率解释理论是频率论。支持频率论者对概率的解释以这一前提为基础：物理系统在相同的情境下会产生大致恒定的相对频率。我们之前提到过这样的例子，比如抛一枚硬币时，正面朝上的概率是1/2；掷一枚骰子时，显示4点（或任何其他点数）的概率是1/6。频率论正式的概率定义是：当相同情境（或"试验"）无限次重复出现时，事件发生的次数所占的比例。因此，根据这个定义，抛硬币时正面朝上的概率是无限次抛硬币时正面朝上的次数所占的比例。

很快你就会发现，这个定义在实际的运用中存在困难。无限次重复？那样做会让硬币出现磨损，甚至所剩无几（想一想教堂里被磨损的石板），而且我们无法做到无限次的重复。相同情境下重复？完全相同的情境根本就不存在。正如希腊哲学家赫拉克利特所说的："你不可能两次踏入同一条河流。"

但是如果我们把概率的频率论定义视为一种理想的情形，就像第一章提到的点和线等几何知识一样，我们就能明白它的意义了：我们做不到无限次的重复，但我们可以重复任意次数。这意味着我们可以重复足够多的（有限的）次数，以尽可能精准地确定概率。诚然，我们不能保证分毫不差地测量概率，因为我们的重复是有限的，但我们也不能完美地测量其他任何事物。我可以把桌子的长度精确到一厘米、一毫米或百万分之一毫米以内（尽管这需要费一番功夫），但不能精确到小数点后的无穷位。因此，我们不知道抛硬币时正面朝上的精准概率也不是什么大问题。

有一点很清楚，概率的频率论解释具有外在世界的属性，比如例子中的硬币或骰子，物体的长度或质量。而主观论的概率解释则非常不同。它与外部世界无关，体现的是个人对事件发生的信心程度。抛硬币时，你可能会认为硬币正面朝上和反面朝上的可能性相同，因此正面朝上的概率是一半。如果你后来进一步了解了这枚硬币或抛掷它的人的状况（比如，抛硬币的人是位魔术师，而且被抛的那枚硬币的两面图案一样），你可能需要调整你的相信程度，即你的概率。主观论解释认为，概率不是外部世界的属性，而是个人心智的内在属性。每个人对每个事件都有自己的主观概率。正是出于这个原因，布鲁诺·德费内蒂（Bruno de Finetti）在其所著的《概率理论》（Theory of Probability）一书中开篇便以"概率不存在"这句话亮明了自己的态度。他的意思是，概率反映的不是外部世界的属性，而是我们看待世界的方式。

由此可以引出第二种经典的概率解释理论：主观论。你可能会认为主观概率难以测量，但人们已经设计出了各种测量方案。例如让人们对结果下注。如果他们认为硬币是正常的，那么他们就会认为抛硬币时正面朝上的概率（主观概率）是1/2，这样他们就会对正面朝上和反面朝上这两种结果下同样的赌注。但如果他们认为硬币两面都是正面，他们就会对正面朝上的结果下更高的赌注。

概率的频率论解释其实就是"侥幸论"（aleatory）的解释，概率的主观论解释是"认识论"（epistemological）的解释。前者认为结果"由投骰子决定"，后者认为结果以人的认知为基础，即对事件会发生的相信程度。事实上，这是两种截然不同的观点，其差异在诸如"下一任总统是女性的概率为0.9"之类的声明中体现得非常明显。从这一申明可以看出，总统就任这一行为不存在无限次重复的情形，0.9这个概率体现的是发出声明者本人确定或相信的程度。

把概率解释为"相信程度"的认识论颇有意思，因为它本质上是把机会视为无知的判定标准。因此，认识论概率与一神论的宗教背景相吻合。概率的基础是在14世纪中叶奠定的，在那个时候，当偶发性事件出现时，人们把它视为上帝意志的体现，只是他们不知道上帝是如何导致它发生的。然而，现代理念认为，不确定性事件的发生不只是由单纯的未知因素导致的，还有更为根本的原因。

由于两种观点根本不同，你可能会认为都用"概率"一词称呼它们不合理。哲学家伊恩·哈金（Ian Hacking）指出，"重量"（weight）和"质量"（mass）也面临着类似的问题，我们也是直到最近才明白，它们在本质上是不同的，所以开始用不同的术语称呼它们。沿着这一思路，伟大的数学家西蒙·丹尼斯·泊松（Simeon Denis Poisson）和安托万·奥古斯丁·古诺建议用法语单词"chance"表示认识论概率，用"probabilité"来表示侥幸论概率，但在英语中没有这样的区分。

第三种经典的概率解释理论是古典论。古典概率论建立在对称概念基础之上。如果你有一颗完美的六面立方体骰子，那么你就没有理由认为任何一个面出现的频率比其他面的高。由于每次必然有一个面朝上，因此我们很自然地认为六个面朝上的概率是相等的，也就是说每个面朝上的概率都是1/6。这种解释对随机化的机会游戏工具（如骰子和硬币）非常适用。吉罗拉莫·卡尔达诺在阐述赌博的基本原则时给出了概率的古典概念："所有赌博遵循的最基本的原则就是条件一致……金钱、环境……以及骰子本身。偏离了这种一致性，当条件于你的对手有利时，你就是个傻子；当条件于你有利时，你的做法有失公平。"即使骰子不是完美的立方体，它们也是相当接近的。不过，由于日常生活中缺乏对称性如此明显的实例，我们尚不清楚该如何运用古典概率概念。例如，我们如何用它计算某人死于癌症的概率呢？

除了频率论、主观论和古典论三种经典的概率解释理论，还有其他的概率解释理论。逻辑概率（Logical probability）是逻辑的延伸，它用数字化的支持程度取代了简单的是与否。根据一般的逻辑，我们可以做出"A蕴含B"这样的陈述，逻辑概率则更进一步，它给出了A蕴含B的程度。这种概率还有其他名称，包括可信度（credibility）、置信的合理程度（rational degree of belief）和可确定程度（degree of confirmation）。著名的经济学家约翰·梅纳德·凯恩斯（John Maynard Keynes）就是逻辑概率的支持者，他在《概率论》（*A Treatise on Probability*）一书中对此有专门的描述。

还有一种解释是倾向性解释（propensity interpretation），这种解释以考察对象特定的行为方式倾向为基础。我可能会认为，我的硬币具有正面朝上的倾向（正常硬币正面朝上的概率是1/2）。你可以把这种概率想象成脆弱性：一个盘子的脆弱性就是它跌落时破碎的倾向。

关于概率意义的解释浩如烟海，由于篇幅所限，我们只能涉足一小部分。概率是一个难以捉摸的概念，无数哲学家和其他人穷尽一生探寻它的含义。它最显著的一个特征就是，频率论、主观论和古典论这三种最经典的解释都可以用相同的数学方式来表达。

概率的运算、大数定律和中心极限定理

非概率原理以各种概率理论为基础，我将在本节介绍几种重要的概率运算方法，具体的方法请参阅附录2。

我之前举过硬币正面朝上、骰子掷出6点、下一任总统为女性的例子，不过这些都是单个事件，算出单个事件发生的概率便万事大吉了。只有涉及多个事件时，概率的计算才会变得有趣。巧合就是一个例子，它们通常涉及两个或多个同时发生的事件。因此，我们首先要解决的一个重要问题是，计算出两个事件同时发生的概率，比如教皇退位时圣彼得大教堂遭雷劈的概率。一旦计算出了这一概率，我们就很容易计算出三个或更多事件同时发生的概率了。

最简单的情况是，一个事件发生的概率不受另一个事件的影响。无论你买彩票能否中大奖，都不会影响我的闹钟会不会出故障：即使我的闹钟不响了，你买彩票中大奖的概率也不会提高（或降低）。在这种情况下，事件是相互独立的，我们很容易计算出它们同时发生的概率，只要把它们各自发生的概率相乘即可。如果第一个事件发生的概率是1/10，第二个事件发生的概率是1/1000000，那么无论我的闹钟是否是响铃，你买彩票都有1/1000000的中大奖机会，因此我的闹钟不响和你买彩票中大奖同时发生的概率是1/10000000。

当一个事件发生的概率取决于另一个事件是否发生时，计算就变得复杂了。当我的闹钟不响铃时，我错过火车的可能性要大得多。在这种情况下，要获知这两个事件同时发生的概率，我们就不能简单地把它们各自发生的概率相乘了。而

是必须用一个事件发生的概率乘以这个事件发生时另一个事件也发生的概率。我的闹钟不响和我错过火车的概率就等于闹钟不响的概率乘以闹钟不响时我错过火车的概率（结果很可能是1！）。

一个事件在另一个事件已经发生的前提下发生的概率称为该事件的条件概率。条件概率是非概率原理的重要组成部分，因为有些事件在一般情况下不大可能发生，但在特殊的情况下很有可能发生。我的挚友在纽约出事故的可能性很小，因为他住在伦敦，很少去纽约。但是，如果他搬到了纽约，那么他在纽约出事故的可能性显然会大大增加。

如果说计算出两个事件同时发生的概率是非概率原理的一根重要支柱，那么计算出其中至少一个事件发生的概率就是另一根重要支柱了。以我周一、周二或这两天都上班迟到的概率为例进行说明，若两个事件不可能同时发生（被称为相斥或不相容事件），那么我们很容易计算出至少一个事件发生的概率：只需要把它们各自发生的概率相加即可（因为两个相斥事件同时发生的概率为0）。明天我在早上7:00之前或8:00之后打卡上班的概率就是我在早上7:00之前打卡上班的概率加上我在早上8:00之后打卡上班的概率，因为我不可能同时在7:00之前和8:00之后打卡上班。

当两个事件有可能同时发生时，情况就变得复杂多了。假设我周一迟到的概率是60%，周二迟到的概率是70%（因为该死的闹钟不响了！），把这两个概率值相加（0.6 + 0.7 = 1.3）便能得到我在周一或周二或两天都上班迟到的概率吗？答案是否定的，这样做是错误的。概率值为1意味着事件肯定会发生，没有比这更高的概率值了！只要看看所有可能的结果，我们就能发现问题出在哪里了。

可能的结果不外乎这四种：两天都迟到；周一迟到但周二未迟到；周二迟到但周一未迟到；两天都未迟到。周一迟到的概率包括两个部分：两天都迟到的概率和周一迟到但周二未迟到的概率。同样，周二迟到的概率也包括两个部分：两天都迟到的概率和周二迟到但周一未迟到的概率。

如果我们简单地把周一迟到的概率和周二迟到的概率相加,那么两天都迟到的概率就被重复计算了。为了纠正这个问题,我们需要减去一个两天都迟到的概率。例如,假设事件是独立的(即一天的迟到不影响另一天迟到的概率),那么正如我们在上面看到的,两天迟到的概率只是两天各自迟到的概率的乘积,即 $0.7 \times 0.6 = 0.42$。从1.3中减去0.42得到0.88,这才是正确的结果!

* * *

除前面提到的基本原理外,非概率原理还利用了一些更为先进的思想,在本节即将结束之际,我对此进行简单介绍。

一个更先进但仍属基本原理范畴的是大数定律(law of large numbers),它说的是从给定数集中随机抽取一组数值,其平均值可能会越来越接近于该数集的平均值。例如一个含六个数字的集合$\{1, 2, 3, 4, 5, 6\}$,其平均值为$(1 + 2 + 3 + 4 + 5 + 6)/6 = 3.5$。现在假设我们从该集合中随机选取数字,选出后立即放回,这样我们可以多次选取每个数字(例如,我依次选择的数字可能是3、6、2、2、4、1、5、3……,一直持续到我决定停止)。然后,由大数定律可知,我们选择的数值越多,整体平均值就越接近于3.5。当我们选出了足够多的数字时,它们的平均值不太可能与3.5相差太大。

你可以自行测试一下,操作很简单。也可以通过投掷普通的骰子进行测试。你可以根据骰子显示的点数从$\{1, 2, 3, 4, 5, 6\}$中重复随机选定数字。你所要做的就是反复投掷骰子,然后计算出所得点数的平均值。

为了给读者省时间,我自己操作了一遍。不过我没有投掷500次骰子,而是"走了条捷径":我利用电脑从集合$\{1, 2, 3, 4, 5, 6\}$中随机选择了500个数字,图3.2显示了相应的结果。第一张图显示了我前20次投掷虚拟骰子时得到的不同点数值。横轴表示投掷次数(从1到20),纵轴表示每次投掷的点数,比如我第一次投掷出了5点,第二次投掷出了3点。第二张图显示的是随投掷次数增加的平均值。

可以看出,当投掷次数较少时(如第二张图的左侧),每多投掷一次,重新

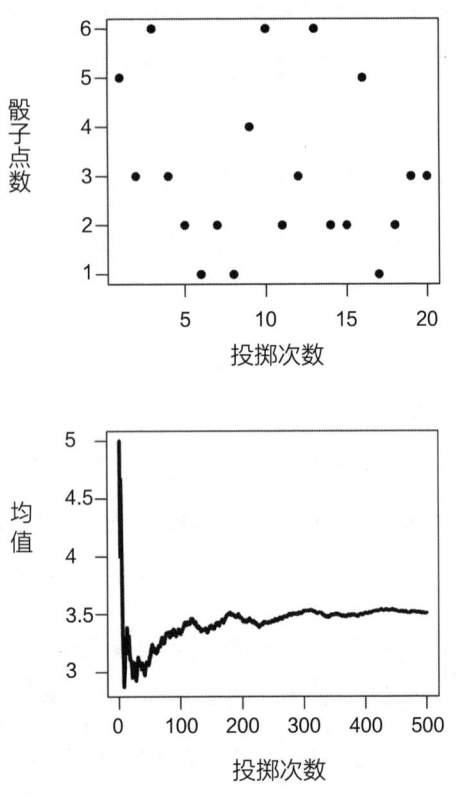

图3.2 大数定律：随着样本数量增加，均值向期望值靠拢

计算后的均值与之前的均值相比会有较大的跳跃。但逐渐地，随着投掷次数的增加，均值的波动趋缓并开始聚集。当我完成500次投掷时（如第二张图的右侧所示），均值已经变得非常接近于3.5了。

你可能会觉得大数定律（或者，在非正式场合也被称为平均定律）似曾相识，不妨回想一下之前提到过的赌徒谬误。赌徒谬误错误地认为，一开始硬币正面朝上的出现次数较多时，随着抛硬币次数的增加，反面朝上的比例会增加，进而抵消之前比例的不平衡。但事实并非如此。比例的不平衡是被抛硬币次数的增加稀释了，随着时间的推移，正面朝上的比例会越来越接近于一半，正好是0和1的平均值，这就是大数定律的含义。

我们不难理解大数定律成立的原因。以抛一枚正常的硬币为例。抛一次时，正面朝上的比例要么为0，要么为1。抛两次硬币的话，正面朝上的比例可以是0（两次均反面朝上），可以是1（两次均正面朝上），还可以是1/2（一次正面朝上，一次反面朝上）。最后一种结果（即1/2的比例）有两种组合（第一次正面朝上、第二次反面朝上；第一次反面朝上、第二次正面朝上），而其他两个结果（两次均正面朝上或两次均反面朝上）各有一种组合。抛三次硬币时，可能出现的结果会更多，但极端比例的结果只有一种组合（三次均正面朝上或三次均反面朝上），而其他比例（1/3正面朝上或2/3正面朝上）的结果均有三种组合。

现在假设抛了100次硬币。100次正面均朝上的结果只有一种组合形式，但99次正面朝上和一次反面朝上的组合有100种（可能是第一次反面朝上，也可能是第二次或者第三次或者……）。计算表明，抛100次硬币时98次正面朝上和2次反面朝上的组合多达4950种；97次正面朝上和3次反面朝上的组合多达161700种。以此类推，50次正面朝上和50次反面朝上的组合为10^{29}种。可以看出，正面朝上和反面朝上的次数大致相等的概率远远大于其他组合的，也就是说，正面朝上的比例极度接近1/2，也就是0和1的平均值。

另一个为非概率原理提供了支撑的先进思想是中心极限定理（central limit theorem）。再次以从数集{1, 2, 3, 4, 5, 6}中随机挑选数字为例，选出数字后再把它放回。同样可以通过反复掷骰子，根据点数选择数字。我先选出来5个数字，然后计算出它们的平均值，就像验证大数定律时所做的那样。但现在我不再只是简单地重复选择数字了，而是再选出5个数字并计算平均值。这两组5个数字的平均值可能不一样。事实上，如果我多次重复这样的操作，即每次选择5个数字并计算它们的平均值，我就会得到很多个平均值。

挑选5个数字并没有什么特别的含义，也可以挑选10个、20个或100个。每个样本的均值分布都呈现出特定的形态。中心极限定理告诉我们的是，当样本量越来越大时，均值的分布将会呈现什么样的形态。根据该定理，随着样本量的增加，均值的分布越来越接近于正态分布［也称为高斯分布，以德国数学家卡尔·弗里德里希·高斯（Carl Friedrich Gauss）的名字命名］，形状看起来像一口钟。

图3.3展示了中心极限定理的效果。为简单起见，我只比较了样本数量为1时均值的分布（即均值等于抽出的样本数字）和样本数量为5时均值的分布。灰色直方图显示了样本均值的分布。加粗的黑线是最能体现样本均值分布形态特点的正态分布。左边的直方图几乎是平的，这很正常，因为当样本只有一个数字时，每个样本的平均值就是1，2，3，4，5或6当中的一个，而且每个数字出现的概率都是1/6。相反，右图中显示的含5个数字样本的均值的分布更接近于正态分布，一个钟形曲线。

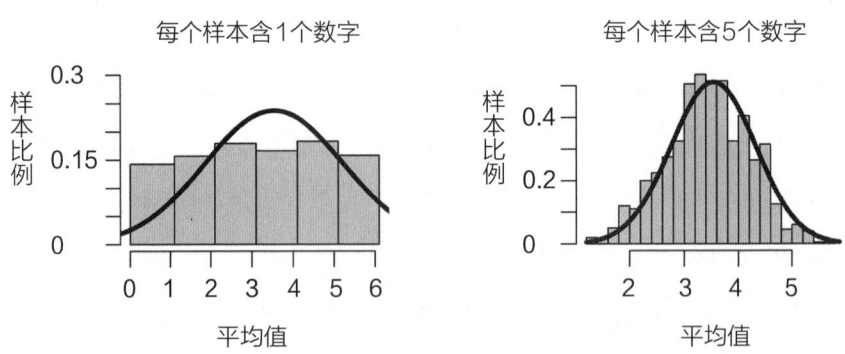

图3.3 中心极限定理：随着样本数量的增加，样本均值的分布越来越接近于正态分布

正态分布是统计学中一种非常重要的分布。19世纪末（维多利亚时代），在统计学和其他众多领域做出过开创性贡献的博学家弗朗西斯·高尔顿（Francis Galton）就曾经这样评价过这种分布（他称其为"误差频率法则"）："据我所知，没有什么比'误差频率法则'更能准确地描绘宇宙秩序了，真的是令人惊叹！要是古希腊人知道了这一法则，他们肯定会把它人格化和神化。在一片混乱中，它泰然自若，无可撼动。形势越混乱，它的威力就展现得越完美。它是非理性世界的最高法则。无论在何时，只要手握大量的数据样本，在对它们整理排序后，你

就能从中发现被隐藏的美妙规律。"从高尔顿的这番话中，我们能看出正态分布的优势和威力，以及它把单个随机事件的不可预测性转化为整体事件的高度可预测性的能力。

正态分布与许多自然分布很接近，这是因为我们通常获得的测量值是许多部分的和或平均值，就像上面计算的平均值一样。例如，你的身高是脊椎、股骨、头骨和其他部分长度的总和。但我们还是应当慎重，我们不应当期望在自然界中找到完美的正态分布：它是一种数学抽象，就跟我们在几何中学到的点、线和平面概念一样。正态分布是一种理想化的分布。正因为如此，教育家西奥多·米切里（Theodore Micceri）将他一篇论文的题目定为了"独角兽、正态曲线和其他不可能存在的生物"（The Unicorn, the Normal Curve, and Other Improbable Creatures）。

在上面的模拟实验中，图3.3展示的也不是完美的正态分布。真正数学意义上的正态分布，其两端是无限延伸的，即样本规模是无限大的。相对照之下，我的例子是从集合{1, 2, 3, 4, 5, 6}中选出5个数字并计算它们的平均值，最大的平均值为6（当5次都选出了6时），最小的平均值是1（当5次都选出了1时）。自然界也是这样的。人的身高不可能达到100英尺，也不可能为负数。正态分布是非常有用的数学抽象，但我们不应该忘记这一事实：它并不能完美地反映自然。它只是接近于自然分布，这一点对非概率原理至关重要。

超越发条宇宙

我在第二章中描述的发条宇宙是完全确定的：只要给定了初始条件，宇宙就会遵循力学定律，沿着既定的路径运行，就像一列火车永远在轨道上运行一样。但是，随着人们对自然的理解不断深入，这种解释显露出了缺陷，人们对它的准确性也产生了怀疑。这些缺陷在20世纪初表现得最为明显——但与所有的科学思想一样，它们很早之前就已经存在了。

第一个缺陷源于两个事实：一是某些系统本质上是不稳定的，二是人类永远无法精准地测量任何东西。我们先来看看不稳定性。

让一个大理石从浴缸的侧面滚落下来，不管它从哪里开始滚动，最终它都会停在排水口（假设浴缸设计精良，能使水从各个方向流向排水口）。推动秋千，秋千最终会在垂直于架子的地方停下来。当我用笔尖一端直立起铅笔时，放手后它会倒下来。它倒下来的方向，以及它最终会停在哪里取决于它倒下来之前所处位置的微小差异。当我把一块大理石放在一个大球的顶部时，对其位置的任何轻微扰动都会使它沿着球滚下来，它最终的位置取决于最初我在哪个方向上对它施加了微小的力量。

这种不稳定性的另一个例子是，母球从桌边反弹后撞离其他台球的路径。母球在反弹后遵循的路径与它的初始方向和速度有密切的关系。由于台球是球体，一个球滚向另一个球时的方向稍有改变，两个球碰撞的点就会改变，撞离后球的前行方向也会改变。每次碰撞时角度的差异都会被进一步放大，因此在一系列碰撞之后，最初的小差异会变得非常大，以至于你不可能预知母球的位置或行进方向。我将在第七章列出一些数据，从中我们能看出初始条件的微小差异是如何被迅速扩大，最终对结果产生巨大影响的。

在某些类型的系统中，初始条件的细微差异会迅速被放大，进而对结果产生巨大的影响，这不是什么新观点。早在一百年前，亨利·彭加勒（Henri Poincare）就写道："我们未曾注意到的一个小小的因素会产生令我们无法忽视的巨大影响……即使自然规律对我们来说不再是秘密，我们也仍然只能大致了解初始条件……初始条件的微小差异可能会使最终结果产生巨大的变化。前者一个小小的错误就能导致后者出现巨大的偏差，预测也因此变成了不可能的事情。"

詹姆斯·克拉克·麦克斯韦（James Clerk Maxwell）在19世纪末发表过类似的观点，他说："存在这类现象……数据中的微小偏差只会导致结果产生微小的变化……这些事件的发展过程是稳定的。还有其他更为复杂的现象，事件发展的过程不稳定，随着可变因素的增加，这类事件也急剧增加。"这样的系统本质上是不稳定的，因此随着时间的推移，预测其状态会变得越发困难。

这些引言的意思是，初始条件的微小偏差可能导致未来出现巨大的不确定性。你可能会认为，避免这一问题的首要方法是提高测量的精准度。但是，完全精准的测量是不可能实现的。虽然我可能把母球初始位置和速度的测量数据精确到小数点后一位或两位，但我不可能把它们精确到小数点后一百位或一千位（或超出测量仪器的精度范围）。这意味着，至少我们无法确认某些系统的最终状态。

初始条件微小的变化能带动整个系统巨大的连锁反应，这种现象被称为蝴蝶效应（the butterfly effect）。这是数学家和气象学家爱德华·罗伦兹在丰富的联想基础上提出的一种观点：亚马孙雨林中的一只蝴蝶振动翅膀可能导致地球另一端出现飓风，这两起事件看似毫无关联，就像母球不确定的行进路线一样。

罗伦兹是在用计算机模拟天气系统的运行时想到这个词的，他发现，对某个模拟数据做出微小的更改会导致完全不同的天气模式出现。蝴蝶效应是真实存在的，它不是一种隐喻，但说蝴蝶振翅和飓风出现之间存在因果关系未免有些牵强。实际上，从振翅到飓风形成之间存在大量的中间事件。

对这类现象的正式研究被称为"混沌理论"（chaos theory）。一个混沌系统的状态变化看似完全随机，但随机性并不是导致其未来状态不可预测的原因，因为我们可以用确定的方程式把状态之间的连续性表示出来，只是我们永远无法确切地知道其初始状态，而初始状态的微小差异就会导致后续状态出现巨大的变化。

第二个缺陷同样出现在20世纪初，诸多与电子和其他粒子有关的令人费解、明显矛盾的现象引发了人们对钟表机械宇宙观的质疑。人们最终认为，物理观察充满了不确定性。这与我们熟悉的一种观点相矛盾，即认为只要我们有足够精良的测量设备，我们就可以测量出"真实"的数值。例如放射性衰变的时间，即亚原子粒子分裂为其他粒子的时间。我们无法预测衰变的时间，不是因为我们不知道初始条件或粒子的属性，而是因为衰变本身是不可预测的。你能做的就是计算出粒子在给定时间内发生衰变的概率。

著名的"海森堡不确定性原理"(Heisenberg uncertainty principle)也强调了这种固有的不确定性：我们无法同时精确地掌握成对属性的数据，比如粒子的位置和动量数据。我们越精准地确认了粒子的位置，我们就越无法精准地确认它的动量，反之亦然。重要的一点是，这种局限性与我们的测量仪器无关，而是自然界的基本属性导致的（也不是因为受到了测量其他物质的干扰，虽然存在这种可能）。

为了研究本质上不可预测的亚原子，科学家开始用概率分布或概率"云"来描述电子等粒子，计算在测量这些粒子时它们具有某种属性（如位置、速度等）数值的概率。这意味着在粒子被测量之前，其属性数值并不存在。

并不是每个人都能接受这种自然本质概率观。爱因斯坦在1944年写给马克斯·伯恩(Max Born)的信中说："你相信上帝玩骰子，而我认为客观世界存在自身的规律和秩序……即使量子理论初期取得了巨大成功也无法使我相信上帝掷骰子。"爱因斯坦只是少数人的代表。现在科学界达成的共识是，自然界确实是受偶然性驱动的——不确定性是其核心。

从发条宇宙观到概率宇宙观的转变始于一个世纪前，到现在已接近完成。我们生活在一个由偶然性和不确定性主宰的宇宙中，但正如我们所看到的，偶然性有其自身的规律，这些规律奠定了概率的基础。在接下来的几章中，我们将探讨非概率原理是如何以它们为基础构建起来的。

第四章

必然法则

巧合多了就是必然。

——亚里士多德（Aristotle）

总之一定会有事发生

为非概率原理奠定了基础的任何一条法则都可能导致小概率事件发生，但只有它们一起发挥作用时，非概率原理才会显示出全部的威力。在接下来的几章中，我将逐一探讨这些法则。我们从最重要的一条法则开始谈起——必然法则（the law of inevitability）。它是一条简单且常被忽视的法则，事实上，它是其他定律或法则的基础。它指明了一个简单的事实：**一些事件必定会发生**。

我们知道，投掷一颗标准的立方体骰子时，骰子会显示1到6中的任意一个点数。抛硬币时，硬币不是正面朝上就是反面朝上。为了确保完全正确，我把这两个例子的结果做进一步的扩展：骰子会显示六个面中的任意一面，或者会出现其他结果（比如它从桌子掉落后不见踪影了）；硬币会正面朝上，或者反面朝上，或者立起来，或者被路过的飞鸟吞下，或者落入地板缝隙中不见了，等等（尽管从我自己抛硬币的经验看，结果不是正面朝上就是反面朝上）。无论如何，只要我们列出了所有可能的结果，那么其中的一个结果必定会出现。当我们把高尔夫球打到果岭上时，我们知道它会停在一片草叶上，或者（当我们非常幸运或球技高超时）直接进入球洞，或者越过栅栏飞入别人家的花园，等等。总之，肯定会有一种结果出现。

这就是必然法则的全部内容：当你列出了所有可能出现的结果时，其中的一个结果必然会出现。然而，虽然我们知道必然有一个结果会出现，但我们不知道具体会出现哪一个。在掷骰子之前，我们不能预先确定会显示哪个点数；在抛硬币之前，我们不能预知正面会朝上还是反面会朝上（抑或出现其他概率很低的结果）；在打高尔夫球之前，我们不知道球会落在哪片草叶上。

事实上，在打高尔夫球的例子中，如果我们事先选定了一片草叶，那么可以肯定地说，球最后不太可能落在那片草叶上。我们赌它不会落在任何选定的草叶上，因为出现这种结果的概率极微小。

因此，关于球可能落在哪里有多种可能的结果：可能落在某片草叶上，可能落入球洞里，也可能被一只飞过的信天翁叼走，等等，每一种结果出现的概率都很小，但必有一个结果会出现。澳大利亚维多利亚天文学会（Astronomical Society of Victoria）发言人佩里·弗拉霍斯（Perry Vlahos）也举过一个类似的例子，只不过他的例子显得更高大上。在美国宇航局发射的UARS卫星即将坠落到地球时，他说："很难确定它会落在哪里，因为涉及的变量太多了，但它肯定会在世界的某个地方落下。"嗯，他说的没错，这正是必然法则的体现。

彩票：怎样选中一组必然中奖的号码

非概率原理在我们的日常生活中发挥着作用，我们都熟悉的一个例子是买彩票中奖，只不过我们可能没有察觉到这一点。

彩票的定义是"通过出售带有编号的彩票并向随机抽取号码的持有人颁发奖

品来筹集资金的一种方式"。实际上,这种思想的应用具有悠久的历史。陪审团选择成员和理事会选择代表时就一直沿用这一思想。1763年,西班牙国王卡洛斯三世(King Carlos III)为资助参加了拿破仑战争的西班牙军队发行了彩票。但彩票往往会导致发行人和认为发行彩票不道德的人之间关系紧张。事实上,由于中头奖的概率很小(跟高尔夫球落在某片草叶上的概率差不多),一些人将发行彩票视为榨取穷人钱财的手段。

就现代彩票来看,每张彩票上都显示有一组数字,它们是从一大组数字中选出的。例如,英国国家彩票(UK National Lottery)显示的是从1到49中选取的6个数字,芬兰乐透彩票(the Finnish Lotto Jokeri)是从39个数字中选取7个,宾夕法尼亚州"现金5"彩票(the Pennsylvania Cash 5)是从43个数字中选取5个,佛罗里达州"新幻想5"彩票(the Florida New Fantasy 5)是从36个数字中选取5个,等等。有时,为了方便起见,这种彩票被称为r/s彩票,即每张彩票上显示的r个数字都是从s个数字中选取出来的(比如49选6)。任何一张彩票上显示的数字与彩票运营商随机抽取的r个数字相匹配的概率取决于r和s的值。r和s的数值越大,彩票中奖的可能性越小,因为数字越大时,从s中选取r的组合就越多。买入一张英国国家彩票中头奖的概率是1/13983816(接近1/1400万)。这倒是符合彩票的宣传标语:中奖者可能就是你(只不过它没有明说这一点:**你中奖的可能性微乎其微**)!①

一些彩票的中奖机制更为复杂,购票者需要选出两组数字,例如,购买欧洲百万彩票(Euromillions lottery)时,你必须从前50个整数中选出5个数字,还必须从前11个整数中选出2个数字,所以它是5/50 + 2/11型彩票。购买美国强力球彩票(the American Powerball lottery)时,你要从59个整数中选出5个数字,还要从

---

① 彩票宣传标语自成一格。马萨诸塞州的彩票标语是"有人会中奖",这有点歪曲事实了(忘了可能没有人买到带有中奖号码的彩票)。俄勒冈州的彩票标语是"买彩票是行善",这带有道德要素,令人生疑。科罗拉多州的彩票标语是"别忘了买彩票",简单直接。北卡罗来纳州一直使用的彩票标语是"只有买了彩票才能中奖",等等。

35个整数中选出1个数字,这是5/59+1/35型彩票(这些数字一直在变化)。随机购买一张强力球彩票中头奖的概率是1/175223510。

如果你买入了一张强力球彩票,也就是说你从1到59中选出了5个不同的数字,并从1到35中选出了一个数字,最后你中奖了,你可能会觉得自己非常幸运。也许你基于某种理由选出了数字,比如说你的生日,你可能因此倾向于运用第二章介绍的原理进行解释。或者你以快选的方式选定了数字(大多数彩票供应商都提供这种服务),你觉得自己能中大奖纯属巧合。

从另一个角度看,如果有175223510人都各自购买了一张号码不同的彩票,那么我们可以保证,必定有人会中头奖,因为这种彩票的数字只有175223510种组合,每一种组合的彩票都被人买下来了。

这就产生了一种可确保买彩票中大奖的方法——只要你足够富有,把彩票所有可能的数字组合都买下来,其中一张彩票的号码必定与头奖号码一致,你就必然中头奖。显然,买下所有的彩票需要一定的组织技巧和大量的资金,但这是可以做到的。而且,事实上,已经有人这么做过了。

20世纪90年代,购买弗吉尼亚州彩票的人需要从1到44中选出6个数字,因此买任何一张彩票中头奖的概率为1/7059052,这种彩票的中奖概率要大于强力球彩票的,这意味着你只需要投入大约700万美元就可以买下不同数字组合的所有彩票,就可以确保中头奖。

由于前几轮中没有人中头奖,到了1992年2月15日,该彩票的头奖已累加到了2700万美元,创下了有史以来的最高纪录。部分数字匹配的彩票购买者中了小奖,加起来一共有90万美元,因此剩下的奖金总额不少于2700万美元。现在你可以算一下这笔账:投入700万美元,赢回2700多万美元的奖金,很划算(但事实没这么简单,我们稍后会谈到个中缘由)。

按照这一思路,1992年2月,一个自称为国际乐透基金(The International Lotto Fund)的财团组织了2500名小投资者——大部分人来自澳大利亚,也有一些人来自美国、欧洲和新西兰——筹集够了买下不同数字组合的全部彩票所需的700万美元。

最困难的是组织工作，因为他们要在一周之内买下700万张不同号码的彩票。国际乐透基金有一个大约20人组成的团队在弗吉尼亚州四处奔走，他们到8家连锁店的125家杂货店和便利店购买彩票。事实上，这项任务非常艰巨，他们最终只买下了500万张彩票。从当时的情形来看，结果可能是灾难性的。你能想象得出当时他们有多紧张，因为中大奖已经不再是板上钉钉的事情了，概率只有5/7了，而中不了大奖的概率则高于1/4。

但他们的计划还存在着更为严重的风险，即使他们按计划成功买下了全部的700万张彩票，这一风险也是存在的：可能有其他人也选中了头奖号码。若有一个人购买了这样的彩票，那么财团的人只能获得一半的头奖金额。事实上，这种彩票之前开出了170次头奖，其中有10次都是多人同时中了头奖，所以这一风险绝非危言耸听，它是真实存在的。不过，即使与其他中奖者平分头奖金额，财团的人仍然能够获得可观的收益。

2月份彩票的头奖号码公布，它们是8，11，13，15，19，20。我们能想象得出当时财团的人是如何紧张地核对那500万张彩票的，最后他们真的找到了中头奖的彩票。

不幸的是，轻松的感觉没有维持多久，问题又出现了。为防止人们购买后以高价转售彩票，弗吉尼亚州规定，购买彩票时必须在打印彩票的终端付款，但该财团从新鲜农场（Fresh Farm）连锁超市总部付款购买了价值300万美元的彩票，之后在终端站点打印出了这些彩票。该财团承认这一事实，但他们辩称，他们也直接从发行中奖彩票的切萨皮克商店（Chesapeake）以现款购买了彩票，而且无法确认中奖的彩票是从哪家店里购买的。

最终，彩票运营商意识到举证困难，细究起来会导致旷日持久的诉讼，而且还不一定能打赢官司，因此他们最终同意向财团支付奖金。

股票：怎样选中一只必然上涨的股票

买下所有彩票是利用必然法则赚大钱的一种方式，要运用这一法则赚大钱，更可行的方法是提供股票情报——不过在行动之前，你应该考虑这么做是否道德。这类行为既涉及必然法则又涉及选择法则（我们将在第六章中详述选择法则），即等到结果出现时，你肯定就知道结果是什么了。

我将（假装）准确地预测一只股票在接下来10周内的涨跌。这是一项艰巨的任务，如果真有人做到了这一点，你会对他另眼相待，甚至可能会掏钱买他的预测信息。毕竟若假设每只股票每周上涨或下跌的概率相等，那么碰巧连续十次做出准确预测的概率是（1/2）×（1/2）×（1/2）× …… ×（1/2），共10个1/2相乘，最终结果为1/1024，约为1/1000。

我是这么做的。

我首先会选中一只股票，任何一只都可以，然后我会选出1024名无辜的潜在受害者，向他们发送关于股票下周涨跌走势的预测。对于其中一半的人，我告诉他们股票会上涨，而对于另一半的人，我则预测股票会下跌。由于股票不是上涨就是下跌，会有一半的潜在受害者，即512人将收到错误的预测，而另一半的人会收到正确的预测。

接下来我会剔除掉那些得到错误预测的人，只关注那些得到正确预测的人。对于其中一半的人，即256人，我预测股票下周会上涨，而对另一半人我预测股票会下跌。与之前一样，由于股票不是上涨就是下跌，有256名受害者将收到正确的预测，而另256名受害者将收到错误的预测。之后我故伎重施，放弃那些收到错误预测的人，专注于另一半人。我继续这样做，即给那些在前一周收到正确预测的人写新的预测信函。

到第10周结束时，我写信的对象只剩一个人了。其他人都在此前某个时候收到了错误的预测，我不再给他们发新的预测信函了。最后这个人呢？他看到我连续10次做出了正确的预测，认为我采用了一套明智的方法，也许是一种算法，预测对了股票的涨跌。此时我就可以堂而皇之地要求他为我的下一次预测付费了……

事实是，在过去的10周里，股价的某些涨跌预测组合必定会出现，这是必然法则的体现。也许股票在10周内一直上涨，或者在第一周上涨而在随后的九周内下跌，或者在第一、第三和第七周上涨，在其他周内下跌，或者……但是在10周内，这只股票只有1024种可能的涨跌组合，我的预测已经把它们全都覆盖了。就好像一开始我就给这1024个人各自分配了一种可能的组合，然后逐渐放弃没有出现的组合，直到最终只剩下了一种组合，还有那个幸运地收到正确预测的人。

正如我在本章开头所说的，一些事件必定会发生。在1024种可能的涨跌组合中，必定有一种组合会出现。那个最后得到正确预测的人并不知道最初还有1023个人收到了截然不同的预测，他还以为我能轻而易举地预测出股价的走势。除非那个人知道（或怀疑）还有其他人的存在，否则他肯定会认为我能够预测未来，或者认为我只是碰巧预测对了未来，但后者的概率仅为1/1024。

现在我们已经知晓了非概率原理中的必然法则。接下来我们探讨非概率原理的第二个组成部分：**巨数法则**（the law of truly large numbers）。

第五章

巨数法则

> 命运嘲笑概率。
>
> ——E.G.布尔沃-利顿（E. G. Bulwer-Lytton）

只有非常幸运的人才能找到四叶苜蓿草，三叶的很常见，但找到四叶的概率大约为万分之一，不过确实有人找到了它们。万分之一的概率已经很低了，轮盘连续26次出现黑色数字就更不可能了，不过如此神奇的事情确实于1913年8月18日在蒙特卡洛发生了。这家赌场的轮盘上标有18个黑色数字和18个红色数字，还有一块标为0的绿色沟道，算起来连续26次出现黑色数字的概率约为1/1.37亿。

与这些幸运的事件相反，要是你把球扔向空中，最后球落在了你的酒杯里，那你可就倒霉了。但是，这样的事情确实会发生。1999年6月14日，亚利桑那州年仅14岁的香农·史密斯（Shannon Smith）被一颗射向天空的子弹击中身亡（该事件发生后，亚利桑那州禁止人们朝天开枪）。

还记得安东尼·霍普金斯是如何找到带有乔治·费弗批注的那本《铁幕情天恨》吗？20世纪20年代，作家安妮·帕里什（Anne Parrish）和丈夫在巴黎逛书店时，偶然发现了一本《雪人故事集》(Jack Frost and Other Stories)。她把这本书拿给丈夫看，告诉他说这是她儿时最喜欢的一本书。她丈夫翻开了这本书，看到扉页正好上写着"安妮·帕里什，科罗拉多州科罗拉多斯普林斯市域巴街北209号"。

或许书真的具有魔力。最近，报纸专栏作家梅勒妮·里德（Melanie Reid）讲述了她在苏格兰的家里整理藏书时发生的奇事。在整理第一个书架时，她偶然发现了1937年出版的一本烹饪书，上面写有"L. K.比米什"（L. K. Beamish）的字样。看到这样一个不寻常但熟悉的名字，她觉得很有意思，于是就把这本书送给了刚搬到附近的朋友、作曲家萨利·比米什（Sally Beamish）。后来她得知，萨利的祖母名叫露西娅·凯瑟琳·比米什（Lucia Katharine Beamish），住在英国，而这本书曾是她的。80年来，这本书从祖母手中出发，从一个国家辗转到另一个国家，兜兜转转，最后落到了孙女的手里。

最后举一个不那么令人印象深刻，但我亲身经历的例子。2012年初，我收到了一封标题为"抓紧时间与穆尔（Muir）会面"的电子邮件，试图安排我与名为穆尔的人会面的日期。而下一封电子邮件的标题是"缪尔（Miur）审阅人名单"。起初我以为标题的第一个单词打错了，后来才得知，第二封电子邮件来自意大利教育、大学和研究部（Ministero dell'Istruzione, dell'Universita e della Ricerca），简称"Miur"，单词的拼写没有错误，与第一封电子邮件中的"Muir"风马牛不相及。巧合的是，这两封电子邮件一前一后地出现在了我的信箱里。

上述所有这些事件都是符合博雷尔定律的例子，它们发生的概率极低，以至于我们预料不到它们会发生，然而它们却实实在在地发生了，这显然需要我们做出一些解释，解释的依据就是非概率原理中的巨数法则：

巨数法则（the law of truly large numbers），指的是只要机会足够多，任何离奇的事件都有可能发生。

这与我们在第三章中讨论的大数定律（非常）不同，后者是说，大样本均值的波动幅度小于小样本均值。

如果你一生中只看到过一株苜蓿草，而且它正好有四片叶子，你肯定会万分惊讶，因为随机看到四叶草的概率约为万分之一。但是，如果你喜欢观察苜蓿草的叶子，你可能会看到过不止一株苜蓿草；当你发现一株苜蓿草时，你肯定会四下里查看，看看有没有其他苜蓿草，你内心渴望能从中找到一株罕见的四叶苜蓿草。更重要的是，不止你在搜寻四叶苜蓿草，许多人跟你有一样的心思，也在搜寻四叶草。所以，寻找四叶草的人不止你和你的伙伴们，世界各地（只要是有苜蓿草生长的地方）的许多人都在寻找它们。把所有人都考虑在内，在某个时间、某个地方，肯定会有人找到一株四叶草。事实上，考虑到搜寻的人很多，找到四叶草就不足为奇了，甚至成了不可避免的事件：这正是巨数法则的效力。

类似的解释也适用于上述其他示例。当我的邮箱中先后收到标题带有"穆尔"和"缪尔"字样的信件时，我的第一反应是："真奇怪！"但后来我想，我每天可能收到50到100封电子邮件，日复一日，年复一年，偶尔出现这样的巧合也属正常。同理，在世界各地的赌场里，工作人员日复一日地转动轮盘，自轮盘赌诞生以来，连续26次转出黑色数字的次数有很多，概率肯定远大于1/1.37亿，所以我们预计，在某个时候、某个地方概率为1/1.37亿的事件肯定会发生。安妮·帕里什的巧合发生在20世纪20年代；如果把时间段延长，我们可能发现大量这样的事件。当这样的巧合足够多的时候，我们就见怪不怪了。

一些数学家认可巨数法则会使不可避免的结果出现。19世纪，奥古斯都·德·摩根（Augustus De Morgan）曾写道："尝试的次数足够多的话，任何事情都有可能发生。"20世纪，J.E.李特尔伍德（J. E. Littlewood）也提出过类似的看法，他在1953年写道："人在一生中会遇到很多事情，碰上概率为1/106的事情发生也很正常。"人在一生中会经历各种各样的事情，有这么多的事件发生，遇到一些不太可能发生的事件也算正常。

彩票是展示巨数法则效力的范例。除非你能像前一章提到的国际乐透基金财团那样买下大量的彩票，否则你中头奖的机会微乎其微，更别提两次都中头奖了。但伊芙琳·玛丽·亚当斯（Evelyn Marie Adams）在四个月内两次中了新泽西州彩票大奖，第一次是在1985年，第二次是在1986年初，她总共获得了540万美元的奖金。在这么短的时间内两次中头奖的概率大约是万亿分之一。[①]

可以用巨数法则解释彩票中奖事件是因为，新泽西州彩票不是世界上唯一的彩票，亚当斯女士也不是新泽西彩票的唯一购买者，而且她一生中也不只买过这两张中了头奖的彩票。当我们查阅世界各地发行的彩票的数量、购买彩票的人数以及他们购买的彩票数量和开奖的周数时，我们很快就得到了一个巨数。即使单个事件发生的概率极小，只要基数足够大，该事件发生的概率也可能非常大。难怪会有人在某时某地两次买彩票中大奖，甚至可以说，出现这样的事情是意料之中的。

正因为巨数法则的作用，很多事情的发生就显得不足为奇了，比如加拿大的不列颠哥伦比亚省惠斯勒滑雪场的一位居民在短短两年内中了两次彩票大奖：购买萨里纪念医院彩票（Surrey Memorial Hospital Lottery）中了100万美元大奖，购买不列颠哥伦比亚癌症基金会生活方式彩票（BC Cancer Foundation Lifestyle Lottery）中了220万美元大奖；艾伯塔省的莫里斯·加莱比（Maurice Garlepy）和珍妮特·加莱比（Jeanette Garlepy）夫妇两次中了49选6加拿大彩票大奖。

当买入的彩票部分数字匹配时（例如，有5个而非全部6个数字与中奖号码匹配），彩票持有人会获得二等奖。如果把此类奖金（金额可能很高）也包括在我们所说的"大奖"中，那么中奖率会进一步提高。这实际上是巨数法则和够近法则发挥作用的结果，这两个法则都是非概率原理的支柱，我们将在第八章详细讨

[①] 在此期间，彩票的选号规则从39选6变成了42选6。万亿分之一的概率是按照亚当斯女士在4个月的时间里每周购买一张彩票的假设前提计算出来的。

论够近法则。

2007年4月，居住在加拿大安大略省北部柯克兰湖附近的罗伯特·洪（Robert Hong）购买了49选6加拿大彩票后中了34万美元的二等奖，之后在当年的11月份又中了1500万美元的头奖。2011年6月，英国戈斯波特的迈克·麦克德莫特（Mike McDermott）以他经常选的数字15，16，18，28，36，49中了194501英镑的奖金，5个数字匹配，还有一个特别数字匹配。到了2012年5月，他以同样的数字再次中奖，将121157英镑的奖金收入囊中。2012年4月7日，美国弗吉尼亚州强力球彩票开奖，弗吉尼亚·派克（Virginia Pike）购买的两张彩票均中奖，它们都是只有5个数字与中奖号码匹配，每张彩票的中奖金额都是100万美元（我很好奇名叫弗吉尼亚的人买弗吉尼亚彩票中奖的可能性，但那是另外一回事了）。

两次中彩票大奖是稀罕事，但显然还有更离谱的事情。在下一节中，我将展示**组合法则**（the law of combinations）是如何放大巨数法则的效应，进而导致小概率事件不可避免地发生的。

制造巨数：看见隐藏的机会

巨数法则是说，无论某个事件发生的概率有多小，只要机会足够多，我们就应当预料它会发生。不过，有时我们会被愚弄。有些时候，机会实际上很多，但看起来很少，这会导致我们严重低估事件发生的概率。我们认为某些事情不太可能发生，但实际上并非如此，它们几乎肯定会发生。组合法则（the law of combinations）是非概率原理的组成部分，它会导致隐藏的机会数量激增。该法则是说：相互影响的元素的组合数量呈指数级增长。生日问题就是这样的例子。

这个问题说的是：要使房间内两人同一天生日的概率超过50%，房间里至少得有多少人？

答案是23个人。也就是说，当房间里的人数不少于23个人时，有两个人同一天生日的概率就会超过50%。

如果你之前没有接触过生日问题,看到这个答案你可能会很惊讶,你会觉得23这个数字太小了。你可能是这么推理的:任何其他人和我同一天生日的概率为1/365,因此,任何其他人跟我不同一天生日的概率为364/365。若房间里总共有n个人,$n-1$个人与我不同一天生日的概率都是364/365,那么他们与我都不是同一天生日的概率为:

(364/365)×(364/365)×(364/365)×(364/365)×(364/365)×…×(364/365)

也就是$n-1$个364/365相乘,当n为23时,所得值为0.94。因为这是他们中无人和我同一天生日的概率,所以他们中至少有一个人和我同一天过生日的概率为1减去0.94的值(这是根据必然法则得出的结果:要么有人的生日与我的相同,要么没有人的生日与我的相同,因此这两个事件的概率之和必定为1)。1减去0.94等于0.06,这是非常小的数值。

但这样的计算是错误的,因为生日问题问的不是其他人与你同一天生日的概率,而是同一房间里的任何两个人同一天生日的概率。这包括其中的一个人与你同一天生日的概率,即上面计算出的概率,也包括其他两个人或更多个人同一天生日(但与你的生日不同)的概率,此时组合法则的威力就显现出来了。虽然房间里只有$n-1$个人可能与你生日相同,但两两配对的话,房间里一共有$n(n-1)/2$对人有可能同一天生日。n越大,成对的数量就越多。当n等于23时,成对的数量是253,比$n-1$(即22)的10倍还要多。也就是说,如果房间里有23个人,那么成对的组合可能有253种,但只有22种组合中包括你。

现在我们来看看房间里23个人生日都不相同的概率。就两个人而言,他们生日不相同的概率是364/365。在这两个人生日不相同的前提下,第三个人的生日也与他们不相同的概率是(364/365)×(363/365)。同样,在这三个人生日不相同的前提下,第四个人的生日与他们的生日均不同的概率是(364/365)×(363/365)×(362/365)。以此类推,23个人生日均不相同的概率是:

(364/365)×(363/365)×(362/365)×(361/365)×…×(343/365)

结果等于0.49。由于23个人的生日皆不相同的概率是0.49，至少俩人同一天生日的概率就为0.51（1-0.49）了，大于0.50。

我们再以熟悉的彩票为例说明组合法则的作用。2009年9月6日，保加利亚彩票开奖，中奖的号码是4，15，23，24，35，42。这些数字本身很平常，都是由小数字——1，2，3，4或5——组成的。此外，中奖号码中还有两个连续的数字，即23和24，不过这种情形发生的概率要远高于人们的认知（当你让他人从1到49中随机选出6个数字时，他们选出连续数字的概率低于纯粹随机选择的概率）。令人惊讶的是四天后发生的事情：2009年9月10日，保加利亚彩票再次开奖，中奖的号码与前一周的完全相同，仍然是4，15，23，24，35，42这6个数字。这件事在当时引起了轰动，各大媒体竞相报道。一位女发言人评论说："这是该彩票发行52年以来首次发生这样的事情，我们对这一奇怪的巧合感到震惊，但它确实发生了。"保加利亚体育部长斯维伦·内科夫（Svilen Neikov）下令彻查此事。这背后是否有人捣鬼呢？是否有人复制了前一次的中奖号码？

事实上，这次惊人的巧合只是非概率原理发挥效力的又一个例子，它是组合法则放大了巨数法则效力的结果。首先，世界各地发行了很多种彩票。其次，彩票的发行和开奖年复一年、一次又一次地发生，这大大增加了彩票中奖号码重复的概率。最后，组合法则发挥了效力：每次的开奖结果都可能包含与之前任何开奖结果相同的数字。一般来说，彩票开奖与生日问题一样，当开奖n次时，两次开奖号码相同的组合多达$n\times(n-1)/2$种。

保加利亚彩票的选号规则是49选6，所以任意一组6个数字出现的概率是1/13983816，这意味着任意两次开奖号码相同的概率是1/13983816，但是，三次开奖中有两次号码相同的概率是多少呢？或者50次开奖中两次中奖号码相同的概率呢？三次开奖中两次中奖号码相同的组合有3种，50次开奖中两次中奖号码相同的组合有1225种。组合法则发挥了效力。进一步说，在1000次开奖中，两次中奖号码相同的组合高达499500种。换句话说，当开奖次数增加为原来的20倍时，即开奖次数从50次增加到1000次时，两次开奖号码相同的组合数的增幅会更大——变成了原来的408倍，即从1225种增加为了499500种，这无论如何都称得上巨数了。

那么，需要开多少次奖才能使两次选出的6个数字相同的概率大于一半呢？按照解决生日问题的思路计算，答案是4404次。如果保加利亚彩票每周开两次奖，一年开104次奖，那么在不到43年的时间里开奖次数就能达到4404次。这意味着当彩票发行历史超过了43年时，抽奖机随机选中的两组（6个）数字完全相同的概率将超过50%。这与保加利亚女发言人的说辞不一致，她说两次中奖的号码相同是"奇怪的巧合"。

这还只是考虑了一种彩票，要是把世界各地的各类彩票都考虑进来，我们会发现，中奖号码不偶尔出现重复才是咄咄怪事呢。因此，当你得知2010年10月16日开出的以色列米法尔·哈帕伊斯州（Mifal HaPayis）彩票的中奖号码与几周之前（9月21日）开出的中奖号码完全一样，都是13，14，26，32，33和36时，你一点都不会感到惊讶，不过有很多人给以色列广播电台打了电话，抱怨彩票中奖号码是内定好的。

保加利亚彩票事件之所以显得非同寻常，是因为它连续两次开奖的号码相同。不过根据巨数法则，再加上世界上还有许多彩票会定期开奖，我们不应该对这样的结果感到惊讶；当我们听说以前也发生过类似的事情时，我们也不必大惊小怪，例如，在2007年7月9日和11日，北卡罗来纳州的"现金5"彩票也接连开出了完全相同的中奖号码。

组合法则也可能让买彩票的人大失所望。1980年莫林·威尔科克斯（Maureen Wilcox）就碰上了这样的事情，她购买的马萨诸塞州彩票和罗得岛州彩票的号码与开出的头奖号码完全一样。然而，不幸的是，她持有的马萨诸塞州彩票的号码与罗得岛州彩票的中奖号码一样，她弄反了。当你购买了10种彩票时，你就有10次中奖的机会，但是10种彩票配对的组合高达45种，所以一种彩票的号码与另一种彩票的开奖号码相同的概率是你购买这种彩票中奖概率的4倍多。当然，这不是获得巨额财富的良方，因为一种彩票号码与另一种彩票的中奖号码相匹配，除了让你怀疑老天爷在捉弄你，你一无所获。

当存在许多相互影响的人或物时，组合法则较为适用。假设班里一共有30名学生，他们影响彼此的方式有很多种。他们可以各自学习，即30个人各学各的；也可以两人一组，这样会有435种不同的组合；还可以三人成组，此时可能的组合有4060种，以此类推。当然，他们也可以都在一起学习，30人的大组合只有这一种。总的来看，30个学生可能形成的组合高达1073741823种，超过了10亿。概括后可知，若一个集合含n个元素，则其子集的数量为2^n-1个。当$n=100$时，子集的数量为$2^{100}-1≈10^{30}$个，在任何人看来，这都算得上巨数了。

如果你觉得10^{30}还不够大，那就想想万维网吧。它的用户多达25亿，用户之间皆可以相互影响，这就产生了$3×10^{18}$个二人组合和$10^{750000000}$种可能的组合。还记得博雷尔是如何在超宇宙尺度上界定可忽略不计的概率吗？只要机会足够多，即使是概率极小的事件也肯定会发生。

掷骰子：为什么有人能掷出六个6点

我之前就提到过，我收集了很多骰子，其中的一颗很不寻常，它是完美对称的十面体。如果你精通立体几何，你可能会怀疑我在撒谎，因为世界上根本就不存在完美对称的十面体。为了打消你的疑虑，我告诉你说，这颗骰子实际上是圆柱形十面体，它的两端是圆形的，这样当它落地时肯定有一面会着地。这颗骰子的各个面被标注上了0到9的数字（如果得知这些信息后你仍然不相信我有一颗投掷后各个面朝上的概率均为1/10的骰子，那么我会告诉你，我还收集了几颗面更多的骰子，它们有20个面，各个面的形状和大小都相同。我在每两个面上标注了相同的数字，这样它们各个面朝上的概率还是完全相同的，都为1/10）。

现在假设我投掷了这颗骰子两次，两次掷出的点数都一样，你可能会稍有些吃惊，但不会很强烈，因为这样的结果时常出现。

但现在我要投掷6次十面体骰子。我前两次掷出相同点数的概率只有1/10：无论第一次掷出的点数是多少，第二次掷出相同点数的概率都是1/10。以此类推，我连续6次掷出相同点数的概率只有$1/(1\times10\times10\times10\times10\times10)$，即$1/10^5$或0.00001，这是一个很小的概率值。当你看到同一点数连续出现了6次时，你会觉得很不可思议。你也许认为骰子有问题，不管怎么掷它，它都只能显示一个点数（回想一下我在第二章提到的各个面均为6点的骰子）。无论如何，你都想一探究竟。

换个角度分析问题。我没有理由认为某种点数组合比任何其他点数组合出现得更频繁。所以点数组合786543出现的概率应该和点数组合225648的一样，也和点数组合111654的一样，以此类推。这也意味着我们应该预料到点数组合000000出现的概率与任何其他点数组合的一样。同理，点数组合111111，222222等也是如此。总共有多少种含六个点数的组合呢？第一个点数有10种可能，第二个点数也有10种可能，因此，前两个点数的组合共有10×10=100种，其中两个点数相同的组合有10种，包括00，11……直到99。10/100化简后得1/10，这是两次投掷骰子后获得相同点数的概率。对6次掷骰子的点数做类似的计算可知，6个点数的组合有10^6种，其中点数相同的组合只有10种（即6个相同的0，1或2……9），所以在10^6种组合中只有10种点数相同的组合，也就是说，概率仅为1/100000，与之前计算出的概率值一样。

有关理论的阐述就到此为止。事实是，当你看到我投掷一枚十面体的骰子6次，而且掷出的点数都一样时，你肯定会好奇我是怎么做到的。

现在来看看另一种情形。假设不止我一个人，而是有10万人各自投掷一颗十面体骰子6次。可以想象一下重复这一实验的情景，每次都要10万名志愿者投掷骰子6次。有时没人能连续6次掷出相同的点数，有时10万人中有那么几个人做到了，可能某个人连续6次都掷出7点，另一个人连续6次掷出了1点。由于6次掷出同一点数的概率为0.00001，因此，平均来看，每10万人中会有一个人掷出这样的结果。平均值意味着，有时没人掷出这样的结果，有时只有一个人掷出了这样的结果，而有时不止一个人掷出了这样的结果。当这样的结果出现时，我们不应该感到惊讶。巨数法则告诉我们，当有足够多的人掷骰子时，我们应该预料到这样的结果出现。

现在，我们换个角度考虑问题。10万人聚集在一个大厅里掷6次骰子，大多数人掷出的6个点数平淡无奇，不引人注目，但若有人碰巧掷出了6个0、1、2或其他点数会怎样呢？那他肯定会得到大家的关注。人们会认为此人具有神奇的力量，能连续6次都掷出相同的点数。电视摄制组会聚集在他的周围。人们纷纷猜测他是如何做到的。是发生了奇迹，还是他作弊了？人是好奇心很强的动物，肯定会寻找答案。

其他没有掷出特殊点数的志愿者就没有理由再继续留下来了，他们会离开大厅，这会给外人留下这样的印象：大厅里只产生了一种掷骰子的结果。人们会认为，这里发生了离奇的事情。报纸、电视节目、博客和微博只会宣传非同寻常的结果（毫无疑问，肯定会有人夸大其词地说这是所谓"1/10亿的概率"）。其他99999个"随机"的点数结果则被人们遗忘了（对某些结果的选择性遗忘体现的是非概率原理的另一个组成部分，即选择法则，我们将在第六章讨论它）。

然而，为了使结论更具有说服力，我们可能需要检测一下这位媒体新宠的掷骰子能力，比如让他再掷6次骰子。你认为结果会怎样呢？由于他此前掷出6个相同的点数纯属偶然，他只是10万人中被幸运女神眷顾的那一个，因此他接下来掷出任意6个点数的概率都是相等的。他大概率不会再掷出6个相同的点数了。事实上，他掷不出相同点数的概率高达0.99999，掷出同样点数的概率仅有0.00001。这种效应被称为均值回归（regression to the mean），指的是当他掷完6次骰子后，他更有可能变得与其他众多普通的掷骰子者一样了，均值回归是选择法则的一种体现。

你也许会说，这个例子太脱离现实了，那我们稍后就举一些与之类似的超感觉实验例子。在此之前，我先介绍一个不像掷骰子那么极端，却性命攸关的真实例子。

在第二次世界大战期间，德军使用了一种名为"V-1飞行炸弹"的投弹武器（英国称之为doodlebug，即"小飞虫"）。这些小型喷气式无人驾驶飞机装满了炸弹，在穿越英吉利海峡后，往伦敦投下炸弹。炸弹的落点通常比较密集，这就引发了一些人的质疑：这些无人驾驶飞机是否具有精确瞄准的功能。事实是，当此类炸弹的数量足够多时，炸弹的落点就可能比较集中，这是巨数法则在发挥作用（在这个例子中，即使炸弹数量多，落点集中也足以引发人们的质疑）。那么，炸弹落点集中到底是德军瞄准的结果还是只是巧合？

1946年，精算师协会（Institute of Actuaries）的R.D.克拉克（R. D. Clarke）解决了这个问题。他把伦敦144平方公里的区域分成了576个面积为0.25平方公里的小方格，并计算了落入每个小方格内的炸弹数量。若炸弹是随机投掷的，那么没有受到轰炸、受到一次轰炸、两次轰炸的方格的近似数量应该是可以预测的［以伟大的数学家西蒙·丹尼斯·泊松（Simeon-Denis Poisson）命名的一种统计分布——泊松分布为依据］。克拉克得出的结论是，炸弹的落点并不集中，因此它们没有事先经过精确的瞄准。人们认为炸弹的落点集中纯粹是因为数量众多导致的，这完全可以用非概率原理作出解释。

扫描统计和查看别处效应

之前我提到过，投掷十面体骰子6次时，每次都掷出相同点数的概率只有1/10万。假设投掷6次后我没有罢手，而是继续投掷下去，也就是说，我不是投掷了6次骰子，而是投掷了20次，100次，直到获得了60万个点数（我闲着没事）。现在，在这60万个点数中，紧挨着的6个点数都一样的概率是多少？

在大量数据中出现某种特定模式的可能性有多大？这类问题很常见，如信用卡交易欺诈调查、计算机网络入侵、心脏异常、发动机故障等，我们必须小心对待它们。巨数法则告诉我们，出现特定的模式很正常。因此关键的问题是，在大量的数字中偶然出现某种特定模式的概率有多大？接下来的问题是，实际出现的概率比我们预期的大吗？若答案是肯定的，我们就有理由怀疑，可能是某些非偶然因素导致了这样的结果。

解答这个问题的一种思路是把60万次投掷分成10万组连续6次的投掷。举例说明，假如我得到的60万个点数是988377777703226112 87……，我可以把它们分成：988377，777703，226112，87……，以此类推。我们预计在这10万组数字中的某个地方会看到一组6个相同的数字。事实上，平均来看，在这10万组数字中应该会出现这样一组数字。

问题是，这样的分组法不能排除这种情况：紧挨着的6个相同的数字来自两个组。事实上，在上面的例子中，有一处连着出现了6个7，但它们来自两个不同的组。我们在估算出现6个相同数字的概率时没有考虑这种情况，这会大大低估在60万次投掷中连续6次掷出相同点数的可能性。若考虑到组与组之间数字的重叠，紧挨着出现6个相同数字的概率要大得多。

在由60万个数字组成的数列中查看任何一处是否连着出现了6个相同数字的基本策略是，从头开始滑动含6个数字的视窗，看看6个一样的数字出现的频率有多高。统计学家已经开发出了估计频率的方法，由于采用了视窗扫描数据的方式，因此该方法被称为**扫描统计**（scan statistics）。

如果你觉得掷骰子的例子说服力不强，我们再来看看这个例子。

1996年2月23日，《今日美国》（USA Today）刊登了这样一则头条新闻："又一架F-14战机坠毁，所有该类型战机停飞。"根据报道，美国海军的3架F-14战斗机在25天内接连坠毁，导致海军暂停了所有这一类型战机的飞行。格鲁曼F-14"雄猫"（The Grumman F-14 Tomcat）是于1970年至2006年间在美国海军服役的一种超音速双座战斗机，共有712架。从1970年12月30日第一起坠机事件算起，这种机型总共坠毁了161架，平均每隔70天就坠毁一架。

现在我们不应该对偶发性战机坠毁事件感到惊讶了，毕竟这些战机经常在充满敌意和不可预测的环境中飞行，意外很有可能发生。然而，在如此短的时间内坠毁3架确实难免让人心生疑窦。也许坠机事故背后有许多不为人知的秘密，可能有其他因素导致了坠机事故的发生。

要探明真相，我们可以把1970年至2006年的时段按月划分，利用之前提及的泊松分布估计一个月内发生3次坠机事件的可能性。这样的设计看似很合理，但就跟掷骰子的例子一样，它遗漏掉了3次坠机事故跨月发生的情形。更好的方法是以一个月为视窗单位，扫描1970年至2006年期间连续3次坠机的次数，进而计算出概率。之后把这一概率值与偶然坠机的概率值进行比较，看前者是否大于后者。F-14坠机事故的调查确实采用了这一方法。事实证明，在5年内的某个月内发生3次坠机事故的概率远远超过了1/2。尽管美国海军出于谨慎暂时停飞了所有的F-14战机，但没有理由认为战机在短时间内坠毁3次不是巧合。

掷骰子和F-14战机坠毁的例子都是一维的，涉及的都是连续事件，但同样的方法也适用于二维或多维事件。

想象一下，你面前有一张地图，上面显示了患有某种疾病的人所在的位置，其中一些人患病可能是由外部因素（可能是污染物）引起的。我们预计这种疾病在某些地方有可能集中暴发。日本的水俣湾事件就是个可怕的例子。在大约36年的时间里，智索公司化工厂所排废水中的甲基水银渗入了当地的水源，在贝类和鱼类体内累积，之后进入了食用它们的动物和人类体内。数千人身上出现了可怕的症状，有的甚至死亡。

你可能会认为，评估此类环境疾病风险的方法就是寻找疾病集中暴发的患者。

《赫芬顿邮报》曾刊发过有关疾病暴发的报道："2010年12月的报告显示，俄亥俄州克莱德方圆12英里内在14年里出现了35例癌症确诊病例。居民们说，平常的咳嗽也会令他们忧心忡忡；孩子们出现了鼻窦感染或胃痛也会让他们寝食难安。"文章接着说，"3月29日，自然资源保护委员会（NRDC）和国家疾病聚集联盟（National Disease Clusters Alliance）在美国13个州认定了42个该疾病的集中暴发地"。

报道写得简单明了，但真实的情况要比这复杂得多，如上面的例子所示，相关人员遗漏了一种可能性：一些地方的疾病集中暴发纯粹是偶发性事件。同样，我们面临着这一问题：如何判断它们是偶发性事件还是另有隐情呢？扫描统计法再次排上了用场，它可以告诉我们答案。

在这个例子中，问题是二维的，我们需要在美国地图上滑动一个二维小视窗，比如说一个10英里乘10英里的方格。当我们在地图上滑动这个方格视窗时，我们要计算出看到的病例数量。这个数字会随着方格视窗的移动而变化。如果我们在任何位置看到的数字远远大于我们预期看到的因偶发因素导致的病例数的最大值，那我们就有理由怀疑，这个地方的病例激增有其他原因（如发生在日本的污染事件）。

《赫芬顿邮报》报道的癌症风险评估示例还涉及时间和地理位置因素，因此该问题实质上是三维的。在这种情况下，我们需要考察小地域范围内、特定时间段内暴发的病例数量，这对确认流行病的早期阶段尤为重要，例如在2002年至2003年暴发的重症急性呼吸综合征（SARS）疫情中，有8000多人被感染；2009年也暴发过H1N1流感病毒疫情。在这些情况下，尽早发现病情集中暴发尤为重要，唯有这样才能判断出病例数增加是偶发性事件还是另有原因。

最后再举一个尖端物理学领域的例子，它涉及在规模非常大的数据集中搜寻异常密集群。若你知道密集群可能出现在哪里，分析就会变得很简单，但是若你不知道密集群可能出现在哪里，那么分析就会变得很麻烦，就跟我们在前面的例子中看到的那样。寻找希格斯玻色子（Higgs boson）就是这样的例子：物理学家要从海量的数据中寻找它存在的证据。例如分析质谱（mass spectrum）时需要收集整理从一系列实验中观察到的每种质量的粒子数量。理论可能告诉我们，峰值会在某些质量处出现，也就是说在那里有异常大量的粒子存在，这会使分析变得相对容易。但我们不知道峰值会在哪里出现，因此我们必须浏览质量数据，寻找粒子数量的峰值。而且，就像搜索疾病集中暴发地或"小飞虫"飞弹落地密集点一样，粒子聚集也可能只是偶发性事件。

粒子物理学家非常擅长为各种现象取令人难忘的名字，他们把这种审视大量数据后确认的偶发性集群现象称为**查看别处效应**（the look elsewhere effect）。

圣经密码、盖勒数和圆周率的必然性

前面讨论的问题都比较常见，比如在某个地点或某段时间内接连发生多起自杀事件、胶卷上密集地出现银色斑点、瑞典肠炎病患者的生日集中在某些日子、矿物水晶出现密集的瑕疵、通话高峰期以及天文数据库中的星系团等。

所有这些例子都与聚集事件有关，但也可能涉及其他模式。当机会足够多时，任何模式都有可能出现，这是巨数法则威力的体现。

一个相当离奇的例子是所谓的"圣经密码"，指的是希伯来圣经中隐含着能够预测未来事件的信息。比如人们观察到，在《旧约》的首卷《创世纪》中，由字母"t"开始，每隔50个字母取1个字母，就能拼出希伯来语单词"torah"，其意思是摩西五经。很早就有人发现这一点了，在其他的圣书文本中也有类似的现象，包括基督教和伊斯兰经文。随着20世纪90年代末迈克尔·卓斯宁（Michael Drosnin）的《圣经密码》（*The Bible Code*）出版，人们对这一现象的兴趣剧增。不过事实给卓斯宁泼了一盆冷水：巨数法则表明，这种现象与隐秘的信息无关，一切只是非概率原理发挥作用的结果。

《圣经》里有很多字母，我们可以在很多地方找到有意义的字母组合。我可以把手指放在《圣经》中的任何一个字母上，然后从那里开始，尝试寻找不同类型的组合。例如，我可以在各行中采用"等距字母组合"法，即把每页的各行对齐，然后按行或列或对角线每隔几个字母选定一个字母。可能的组合和模式的数量无穷无尽，没有发现有意义的组合才是怪事呢（事实上，没有出现这样的组合才证明另有隐情或者证明你没有仔细观察呢）!

我怀疑查尔斯·狄更斯（Charles Dickens）在《匹克威克外传》（The Pickwick Papers）中试图通过隐藏一些词语来传递神秘的信息，比如他在第四章隐含了"命运"（fate）一词，在"the most awful and tremendous discharge that ever shook the earth"（震动大地的最可怕、最猛烈的射击）这句话中，每隔3个字母（按字符计）选出1个字母就能组成这个词，还有第五章的这一句"closed upon your miseries"（隐没了你的苦难），隐含了"厄运"（doom）这个词。为了消遣，我也搜索了一下本书的文本，我发现，第二章中的"than he could explain by chance"（无法以巧合做出解释）这一句隐含了"help"（救命）一词，字母h、e、l和p之间都相隔了4个字母。在本章上一节的"that we would expect to see"（我们预计会看到）这句话中，"help"一词又出现了，而且各个字母还是相隔4个字母。"救命，救命"，仿佛有人正躲在我的书里大声呼救呢!

从古代（甚至现代）文本中搜寻隐含的模式是获得所谓神秘信息的一种方式，另一种方式是通过数字命理学。

"数字命理学"是研究数字的神秘或神奇属性的学问。不幸的是，这是一项徒劳无功的事业，因为数字根本就不具有这样的属性。事实上，"数字"的定义本身就确定了其属性，也就是说，大小是它们唯一的属性。3只羊，3分钟，3声喊叫中的"3"都是同一个意思，这就是数字的全部意义。尽管如此，纵观历史，人们一直赋予数字神秘的意义。事实上，时至今日，我们仍然会一脸虔诚地谈及"幸运"数字。

数字命理学的很多例子都以同一数字多次出现为基础，但通过前面的内容我们已经知晓，只要你搜寻的时间范围够长，搜寻得足够仔细，在巨数法则的作用下，巧合定会出现。

我只用一个例子就能说明数字命理学的荒谬性。我们在第二章中提及的尤里·盖勒对11:11这个数字组合情有独钟，他举了很多例子来说明这个组合如何在他的生活中不断出现。问题是，在他的大肆宣扬下，巨数法则可能发挥效力。他说："近几年来，我收到了很多人发来的邮件，他们也注意到了类似的现象。例如，我收到了一封朋友发来的邮件，邮件里附有一张登机牌号为111的照片。巧合的是，他登机后发现，前方的墙壁上印着11:11，而且飞机起飞的跑道正好是11号。这一切都发生在飞往塞浦路斯的同一航班上。"但读者们会意识到，这组数字出现的概率是很大的，不出现这组数字时，盖勒的朋友也不会费心劳力地发邮件告诉他。

2001年9月11日，美国纽约世界贸易中心（World Trade Center）遭受了恐怖袭击，这给盖勒提供了进一步宣扬数字命理学的绝佳理由（但我不太明白他这番话的意思，他说："这一可怕的悲剧与11:11密切相关，因此我认为，在这场悲剧中不幸丧生的人不会枉死。"）。他注意到：

- 袭击发生的日期是9月11日，9+1+1=11
- 9月11日距离年底还有111天
- 9月11日是当年的第254天，2+5+4=11
- "9·11"事件发生1年1个月1天后，巴厘岛爆炸案发生。
- 撞上塔楼的第一架飞机是美国航空公司的第11号航班，美国航空公司代码为AA，A是字母表上的第一个字母，所以可得数字组合11：11
- 11号航班上有11名机组人员
- 175号航班上一共有65个人。6+5=11
- 纽约州是第11个加入美联邦的州
- 五角大楼于1941年9月11日开建
- 美国纽约世界贸易中心于1966年动工，于1977年完工，历时11年正如盖勒所说，这是"奇怪、诡异和令人难以置信的"，不过原因可能与他设想的不一样。他补充说："我不明白为什么会有人在看到这些数字巧合时无动于衷。"但是，想方设法组合数字和寻找适合特定数字出现的场合意味着，巨数法则已被拓展为了无限数法则。若我们找不到这样的例子，那只说明我们缺乏想象力。如果你实在闲得无聊，你可以选择任何一组数字试一试，互联网搜索工具可以帮助你开启这场数字幻想之旅。

在经历了短暂的数字幻想之旅后，我们来看看圆周率小数点后的数字。

π是一个很特别的数字，有关它的著述浩如烟海，但为了有助于我们的说明，我们把它视为0，1，2……9这10个数字的随机组合[①]。它的前100位数字为：

3.1415926535897932384626433832795028841971693993751058209749445923078164062862089986280348253421170067

这些数字看起来是随机的，我们无法预测任何数字之后跟着什么数字，因此出现任何特定的数字组合都是有可能的。当然，我们可能需要搜索很长时间才能找到特定的数字组合，尤其是组合中的数字比较多时。事实上，我们可以计算出在π的前一亿位数字中找到含t个数字的组合的概率。例如，找到$t=5$的任何组合的概率为1（即所有可能的5位数组合实际上都出现在前1亿位数字中）。类似地，当$t=8$时，含8个数字的所有组合在π的前1亿位数字中出现的概率为63%，因此8位数组合在这一亿位数字中出现的概率为0.63。

将π小数点后的第一个数字视为第1位，第二个数字视为第2位，依此类推，我的生日数字出现在第60722908位。

一种更微妙的数字组合无疑会让数字命理学家们兴奋不已，即"自定位"数字组合，但在我看来，这种数字组合也只不过是巨数法则效应的体现。根据如上

---

① "随机"一词在这里的用法相当特殊，意思是这10个数字中的任意一个数字出现的概率为1/10，任意两个数字出现的概率为1/100，任意三个数字出现的概率为1/1000，以此类推。数字组合的长度是无限的，永不重复。

的定位方法，这种数字组合指的是在π的小数点后的数字中出现的位置与该数字自身相同的组合，比如：

1（1出现在π小数点后的第1位）

16470（该数字组合出现在π小数点后的第16470位）

44899（该数字组合出现在π小数点后的第44899位）

79873844（该数字组合出现在π小数点后的第79873844位）

我们在第十章讨论宇宙的起源和性质时会再次谈及数字巧合问题，但在这里，我们要用一个例子说明，数值巧合可能是有意义的，因为有时候它们确实能反映出隐藏的结构。

数学有一个分支叫群论（group theory），它研究对称性以及如何改变一个物体，使改变后的形态与最初完全相同。例如，将一个正方形旋转90度后依然会得到一个正方形。同样，把一个正方形沿着对角线旋转后得到的图形与最初的正方形没有什么区别。群论的研究范围很广，包括不同数学研究对象的这种对称性。其中的一个群还被赋予了一个奇特的名字，即"怪兽群"，这个群约有81053个对称的元素（大致与木星所含的基本粒子的数量相等），早在20世纪70年代初就有人预测了这个群的存在。到1978年，相关的研究表明，如果这个奇怪的群存在的话，其维度将会非常大——196883个维度。

数学家约翰·麦凯（John McKay）曾研究过这个"怪兽群"，但到了1978年11月，他接触到了另一个完全不同的主题：数论（number theory）。这个领域与数字命理学不同，主要研究与整数有关的数学问题。这是一个与群论完全不同的领域，所以当麦凯在数论中遇到196883这个数字时，他也颇感惊讶。这两个完全不同的数学领域之间似乎存在着此前未被人们认识到的某种关联，他的这一发现引发了数学界的一场"寻宝"活动，数学家们都想对这一巧合做出令人信服的解释。

即使二者之间确实存在关联，证实也很困难。著名数学家约翰·康韦（John Conway）以"月光"形容这项研究取得的进展，他说："它给人的感觉就像是神秘的月光照亮了正在跳舞的爱尔兰小精灵。"（谁说数学家缺乏诗意？）

数学家马克·罗南（Mark Ronan）著书讲述了"怪兽群"的发现以及由此产生的对群论和数论这两个领域之间联系的解释。他说："发现'怪兽群'的方法虽然妙不可言，但它没有给我们了解其属性提供任何线索。直到后来'怪兽群'和数论之间出现了奇特的巧合，局面才有所改变。这些巧合也促使我们发现了它与弦论（string theory）之间的联系。'怪兽群'和数论之间的奇妙联系被置于一个更大的理论框架中了，但现在我们还不清楚这些理论与基础物理学之间的深层次联系有什么意义。我们虽然发现了'怪兽群'，但它仍然是未解之谜。充分了解其性质或许有助于我们揭示宇宙的结构。"

因此，有时巧合确实是不为人知的原因导致的，比如污染物导致疾病暴发，粒子数量异常揭示希格斯玻色子存在，或神秘因素导致"怪兽群"产生，但巨数法则告诉我们，通常情况下，若在足够广的范围内搜寻，我们所看到的奇特事件往往是非概率原理导致的结果。

闪电、高尔夫和动物预言家

尽管闪电很可怕，展现了大自然的巨大威力，但人被闪电击中的概率非常小，被闪电击中身亡的概率就更小了。事实上，按照气象学家的估计，地球上每个人一年内因雷电死亡的概率约为1/300000，这是一个很小的概率。地球上的人口数量约为70亿，这是一个很大的数字，甚至可以说是个巨数，因此巨数法则可能起作用。按一年中人被闪电击中并死亡的概率1/300000计算，无人因闪电击中死亡的概率约为10^{-10133}，这一概率值小于博雷尔提出的从宇宙角度看可忽略不计的标准。由于无人死亡的可能性如此之小，我们应该预料到会有人被闪电击中死亡，估计每年因此死亡的人数大约为24000人，受伤的人数约为死亡人数的10倍。

我将会在第七章中讨论概率杠杆法则（law of the probability lever）时再次谈及人被闪电击中并死亡的概率。概率杠杆法则是非概率原理的另一个组成部分，指的是环境的微小差异可能导致事件发生的概率出现巨大的变化。该法则对于解释闪电的概率尤其重要，因为上面给出的1/300000是全球平均值。换句话说，平均值涵盖各种背景的人，包括来自城市和农村的人、在矿井中劳作的人（那里没有闪电）、在开阔平原放牧的人，还包括不同国家的人。对于较发达的美国人来说，被闪电击毙的概率极低，约为1/400万。在这里使用平均值不由得使人想起一个笑话：如果你的脚在烤箱里，而你的头在冰箱里，那么你的平均体温则刚刚好。

与彩票和闪电一样，高尔夫球运动中也常常出现看似不可能发生的事件，比如第一章中提及的两位球手先后打出了一杆进洞球。但打高尔夫球与中彩票和被闪电击中有区别。从某种意义上说，高尔夫球手的目标是打出一杆进洞球，因此，球手们会为了提高这一能力专门训练，从而提高打出一杆进洞球的概率。因此，不同的人打出一杆进洞球的概率也有所不同。例如，泰格·伍兹（Tiger Woods）打出一杆进洞球很平常。要是我打出了这样的球，我可能会吹嘘一辈子。伍兹在职业生涯中一共打出过18个一杆进洞球。杰克·尼克劳斯（Jack Nicklaus）打出过21个，而阿诺德·帕尔默（Arnold Palmer）和加里·普莱尔（Gary Player）各打出过19个。即便如此，由统计数据可知，这些领域内的佼佼者打出一杆进洞球的次数还是相对比较少的，因此打出一杆进洞球仍然是稀罕事。事实上，正因为如此，美国职业高尔夫协会（U.S. Professional Golf Association）认为一杆进洞球值得关注，应把相关的信息详细记录下来并存档，而且还有不止一家网站专门发布有关这类球的信息。

打出一杆进洞球的概率约为1/12750，如果这个概率值大致正确，那么由巨数法则可知，打出这样的球应该是意料之中的事情。世界上有很多高尔夫球场，很多人每天都在打球，他们一次又一次地挥杆击球，一轮就要打出18个球。把所有这些因素都考虑进来，出现一杆进洞球的概率会大大增加，这是巨数法则在发挥作用，我们应该预料到这样的事件会发生，而且还可能时有发生。

事实的确如此。打出一杆进洞球最年长的人是来自加利福尼亚州奇科的埃尔西·麦克莱恩（Elsie Mclean），时年他102岁；年纪最小的是来自密西西比州的基思·朗（Keith Long），1998年只有5岁的他打出了一杆进洞球。就在撰写本书时，美国业余选手诺曼·曼利（Norman Manley）以59个一杆进洞球创下了新的世界纪录。

事实上，巨数法则可能导致高尔夫球场上更离奇的事件发生，例如，它可能导致某个人连续两天打出一杆进洞球。下面的文字摘录自《泰晤士报》2006年8月2日刊载的驻华盛顿记者蒂姆·里德（Tim Reid）撰写的文章：

> 截至昨天，一名业余高尔夫球手在得克萨斯州举办的锦标赛上连续两天在同一洞打出了一杆进洞球，成为美国各俱乐部津津乐道的热门话题。53岁的丹尼·利克（Danny Leake）周六在第6洞用5号球杆打出了约159米的一杆进洞球，周日他在同一个洞使用同一球杆打出了约163米的一杆进洞球。

下面这段文字摘录自亨斯坦顿高尔夫俱乐部（Hunstanton Golf Club）的网站：

> 在亨斯坦顿也曾发生过这类不可思议的事情。1974年，业余选手鲍勃·泰勒（Bob Taylor）在东部郡四人制练习赛中打出了一杆进洞球。第二天，在正式的比赛中，他又打出了一杆进洞球。在第三天的正式比赛中，他第三次打出了一杆进洞球。如果说连续三天打出一杆进洞球还

不够令人称奇的话，那么下面的信息肯定会让你惊讶不已：他每次都是在同一洞，即第16洞（标准杆是三杆），打出了约175米的一杆进洞球！

巨数法则也可以解释动物预言现象。一些动物似乎具有预测未来的能力，或者能判断一些事件发生的时间。

在2010年足球世界杯开赛期间，德国奥伯豪森海洋生物中心的"章鱼保罗"成功地预测了德国队7场比赛和最终决赛的结果。保罗"预测"的方式是，从两个玻璃缸中选出一个。每个玻璃缸上都标有一个参赛队的国旗，缸里放有食物。预测结果全部正确的概率为$1/2^8=1/256$，这个值不算小，考虑到巨数法则就更不足为奇了，事实上，不需要运用巨数法则就能得到这样的结果。尽管如此，保罗显而易见的"预测能力"使它很快成了媒体的宠儿。它被西班牙一个城镇授予荣誉公民称号，还成了英格兰申办2018年世界杯的大使。不幸的是，据奥伯豪森海洋生物中心称，它无法再次预测世界杯的比赛结果了，因为在2010年10月26日星期二的早上，工作人员发现它死在了水缸里。该中心的经理斯特凡·波沃尔（Stefan Porwoll）说："它度过了美好的一生，我们甚感欣慰。"保罗的"经纪人"克里斯·戴维斯（Chris Davies）评论道："这是令人悲伤的日子。保罗很特别，值得庆幸的是，我们拍下了它离世前的影像。"

章鱼保罗不是唯一有预测能力的动物，只要让足够多的动物预测足够多的体育比赛结果，你就能看到巨数法则的威力有多大。

米可·鲍尔（Mick Power）曾讲述过新加坡一只长尾鹦鹉玛尼（Mani）的事迹，它预测对了世界杯前7场比赛的结果，但没有预测对第8场的，所以还不能把它和章鱼保罗相提并论。巨数法则给我们的一个反向启示是，有更多动物的预测与事实不相符。在德国的开姆尼茨动物园（Chemnitz Zoo）里，豪猪里昂（Leon）、小河马佩蒂（Petty）、秘鲁豚鼠吉米（Jimmy）和绢毛猴安东（Anton）都没有预测对决赛的结果。中国的章鱼小哥（Xiaoge）和荷兰的波琳

（Pauline）同样预测错了决赛结果，爱沙尼亚黑猩猩皮诺（Pino）和红河猪阿普斯林（Apselin）以及澳大利亚鳄鱼哈里（Harry）也预测错了决赛结果。

类似的例子还有很多，它们显然激发了人们的好奇心。2012年5月27日的《星期日泰晤士报》发文称：

> （英国）东萨塞克斯郡阿什当的一头美洲驼正确地预测出切尔西将赢得英格兰足总杯和欧冠联赛。2012年欧洲杯将于下个月开赛，这头美洲驼将会面临来自主办城市之一基辅的一头"神猪"的挑战。一位发言人称后者是"一头独特的神猪，一头真正的乌克兰纯种猪，一位洞悉足球奥秘的预测大师"。每天下午4点钟，它都会预测第二天的比赛结果……联合主办国波兰更信任大象西塔（Citta），这头大象通过选择涂有球队颜色的苹果正确地预测出了欧冠联赛的决赛结果，击败了竞争对手：一头驴、一只鹦鹉和另一头大象。去年在斯洛伐克举行了世界冰球锦标赛，一只名叫马格达莱纳（Magdalena）的神奇双头龟预测对了比赛结果，它在模拟的冰球场上爬到了获胜方一边。

我很喜欢大象西塔的故事，因为它让我想起了第四章提及的选股策略：让足够多的动物做出不同的预测，其中必有一个符合事实，西塔碰巧是幸运的那一个。

神奇的动物不止能预测体育赛事结果。你只要在网上搜索一下，你就会看到成千上万的其他神奇事例，包括地震来临之前动物做出异常行为和狗晓得主人何时归家等。

有人猜测，动物可能在地震发生前感觉到了某种振动，但国际民防地震预测委员会（International Commission on Earthquake Forecasting for Civil Protection）得出的结论是，没有可信的证据证明动物具有这种预测能力，我们不得不提及巨数法则以及新闻媒体需要博人眼球的故事这一事实。

至于狗，鲜有人做过相关的测试。但一只名为杰蒂（Jaytee）的小猎犬的主人声称，它可以预测主人回家的时间。她说："杰蒂的主人马修（Matthew）和帕姆（Pam）……使用随机数生成器选定了一个回家的时间：晚上9点。然后我就把相机对着杰蒂喜欢待的窗口进行拍摄，从而完整地记录下了它的行为。帕姆和马修从酒吧回家后，为了确认杰蒂的行为，与我们一同观看了录像。有趣的是，在预定归家的时间点，杰蒂跑到了窗口待着，看起来像是在等待主人回来。然而，当我们观看其他时段的录像时，我们发现了它的行为规律。事实上，它就是喜欢去窗口待着，在整个拍摄期间它一共去了13次。第二天我们做了相同的实验，杰蒂去了12次窗口。"这是巨数法则在发挥效力：小猎犬杰蒂去窗口的次数足够多，因此当主人回家时它不在窗口才叫怪事呢！

有时我们会被巨数法则误导

巨数法则认为，即使某个事件在任何特定的场合发生的概率很小，只要事件发生的机会足够多，我们就应该预料到它会发生。此外，正如生日问题所展示的，机会的数量往往比我们预想的多，因此，当巨数法则发挥效力时，我们会有意外和被误导的感觉。

但我们也看到了一些特殊的情况，在这些情况下，即使机会不够多，巨数法则也发挥了作用。比如章鱼保罗做出正确预测的概率是1/256，因此，只要有256只动物做出了不同的预测，我们就可以肯定其中必有一只动物的预测是对的，这是必然法则效力的体现。当动物的数量接近256时，我们就很有可能找到能作出正确预测的动物。毕竟256是个小数字。

关键要看有利的结果占所有可能结果的比例。若算错了可能的结果数量，巨数法则的效力就会被放大。如果一开始我们认为有10亿种可能的结果，其中只有100种结果对我们有利，那么当真的出现了对我们有利的结果时，我们会感到很惊讶。但是，若仔细观察后我们发现实际上只有1000种可能的结果，其中有100种结果对我们有利，那么当出现对我们有利的结果时，我们就会觉得很平常了。1/10的概率和1/10000000的概率相差太大了！

在1997年西班牙大奖赛的排位赛中，迈克尔·舒马赫（Michael Schumacher）、雅克·维伦纽夫（Jacques Villeneuve）和海因茨·哈罗德·弗伦岑（Heinz Harold Frentzen）同时到达了终点（用时都是1分21.072秒），这就是一个估算潜在结果数量错误产生巨大影响的例子。出现这样的结果看似是惊人的巧合，但是，若我们假设前三名车手的时间差在1/10秒之内，我们就不会这么看了。1分21.072秒的时间精确到了1/1000秒，三位车手的成绩差在1/1000秒内的概率为（1/100）×（1/100），即1/10000，考虑到每年的比赛次数和赛车这项运动的历史，这个概率值不算太小，有足够多的机会让巨数法则发挥威力。

只要有足够多的机会

你碰上火车事故的概率很小，但概率大小显然还取决于你乘火车的次数。与每天坐火车上下班的人相比，一年只坐一次火车的人遭遇事故的概率要小得多。同样，如果你家里人口多，那么你的家人遭遇火车事故的概率就比较大。若考虑的时间范围加长，概率会进一步增大，例如第三章提到的比尔和金妮·肖夫妇各自遭遇火车事故的时间相隔了整整15年。

同样地，虽然你或地球上任何其他人遭遇不幸事件的概率很小，但别忘了，目前地球上大约有70亿人。如果每个人某一天遭遇某事故的概率是p，而且遭遇该事故不受其他人的影响，那么在人数为N的情况下，当天无人遭遇该事故的概率是$(1-p)×(1-p)×(1-p)×……$，即N个$(1-p)$相乘。当N等于70亿、p等于1/1000000时，当天无人遭遇该事故的概率约为$1/10^{3040}$，这是一个非常小的概率。由此可见，有人在某地遭遇该事故的概率很大——在博雷尔定律的作用下，这样的事故肯定会发生。

第六章

选择法则

> 有谁会在意从袋子里拿出来的是黑球还是白球？……别让老天爷帮你做决定了，往这该死的袋子里看，选出你喜欢的颜色。
>
> ——珍妮特·伊万诺维奇（Janet Evanovich）
>
> 《赌城纵横》（*Hard Eight*）

核桃、射箭和股市欺诈

年少时罐子里整颗的核桃仁给我留下的印象极为深刻，我很想知道食品制造商是如何在保持核桃仁完好无损的情况下剥掉核桃外壳的。我尝试过很多次，但大都失败了，常常把核桃仁弄碎，尝试十次差不多只有一次能剥出一颗完整的核桃仁来。后来我才得知，虽然制造商的成功率比我高，但他们也经常把核桃仁弄碎。不过我还了解到一点：他们最后会对核桃仁进行分拣，即把完整的核桃仁放进贴有"完好核桃仁"标签的罐子里，把碎核桃仁放进另外的罐子里（他们还会对核桃壳做软化处理，这样更容易取出整个核桃仁来，一开始没提及这一点是因为，我不想让它影响故事的可读性）。

关键是我没有看到整个过程，我还以为满满一罐子的"完好核桃仁"就是制造商全部努力的结果，其实这只是他们选定的结果。事实上，即使他们的成功率很低（1/1000），只要他们选择把完整的核桃仁装进罐子，他们就可以获得这样的结果。

这个核桃仁的例子就是**选择法则**效力的体现。该法则是说，若在事后进行选择，你可以随心所欲地提高你想要的结果出现的概率：制造商选择完好的核桃仁放入罐子里，从而使敲碎核桃壳后得到完整核桃仁的概率变成了1。

另一个古老的故事也能说明这一法则的效力。你在一条乡村小路上前行时看到了一个谷仓，谷仓的侧面墙壁上画着很多靶子，而且靶心处都插着一支箭。你心里暗想："哇，射箭的人可真是位神射手。"你继续前行，经过谷仓后你回头看了看，发现谷仓的另一侧墙壁上也插着很多支箭，还有一个人正忙着为插在墙上的箭头画靶子和靶心呢。

这个故事再次说明，事后选择数据可以改变概率的大小。用传统方法射中靶心的几率要比先射后画的方法射中靶心的几率小得多！

这个故事听起来有些不真实，但它与股市上发生的事情非常相似，甚至还有人因为相关的报道获得了普利策奖。

事情是这样的。

授予高管股票期权是很多上市公司采用的一种激励方式。根据这种激励制度，高管在未来可以按事先约定的价格买入公司股票，当股价上涨时，期权的价值就增加。在2006年3月18日《华尔街日报》刊载的一篇文章中，查尔斯·弗雷尔（Charles Forelle）和詹姆斯·班德勒（James Bandler）确认了6家在授予高管期权后股票大幅上涨的公司。例如：

联合健康集团（United Health）1999年授予威廉·麦奎尔（William McGuire）期权的日期就是该公司股价跌至当年最低点的日期。1997年和2000年授予麦奎尔博士（Dr. McGuire）期权的日期也恰逢其股价创下年度最低时。2001年授予期权时，其股价接近于年度最低值。总之，这么巧的事情发生的概率是1/2亿或更低……

1996年7月15日，康沃斯科技（Converse Technology）授予了CEO科比·亚历山大（Kobi Alexander）一笔期权，经股票分割调整后的行权价格是7.9167美元。授予当天，公司股价下跌了13%，约定的行权价格恰好是当天的最低价，而第二天，股价反弹了13%。2001年10月22日，该公司授予了CEO另一笔期权，约定的行权价格是当年的第二低价。在其余期权授予日股价也都出现了下跌。根据《华尔街日报》的分析，这种巧合出现的概率约为1/60亿……

1995年至2002年，联盟计算机服务有限公司（Affiliated Computer Services Inc.）六次授予CEO杰弗里·里奇（Jeffrey Rich）股票期权，每一次都是在股价暴跌、创出新低时授予的，之后股价便会上涨。根据《华尔街日报》的分析，这种巧合出现的概率约为1/3000亿……

布鲁克斯自动化公司（Brooks Automation Inc）于2000年授予了CEO罗伯特·塞林（Robert Therien）233000股期权。授予日期是5月31日。那可是个特别的日子，当日该公司股价跌至39.74美元，跌幅高于20%，第二天，股价又飙涨了30%以上。

（为了对这些概率值有更为清晰的认识，读者可以把它们与第四章的买"49选6"彩票中头奖的概率进行对比，这一概率约为1/1400万。）

对于这类不大可能发生的事件的发生，人们提出了多种可能的解释。第一种可能的解释是它们确实有可能发生，毕竟若有10亿个机会的话，概率为1/10亿的事件就会发生。但10亿股期权是极大的数字。

第二种可能的解释是，也许我们被这些小概率值误导了。可能公司恰逢"好日子"授予期权的概率要比我们想象的大很多。事实上，这些授予期权后大幅上涨的股票是《华尔街日报》从数千只授予了高管期权的公司的股票中挑选出来的，如果我们随机地授予公司高管期权，我们预计有一些期权会在股价暴涨前的

"好日子"里被授予。这篇文章把我们的注意力吸引到了那些价格飙涨的股票上，让我们忽略了其他的股票。因此，这些看似不可能的事件发生可能是选择法则作祟的结果，即文章的作者弗雷尔和班德勒在事后选择了授予期权后股价大幅上涨的公司的结果。

我们当然要考虑这种可能性，但是，单凭选择法则就能导致1/2亿、1/60亿或1/3000亿概率的事件在现实中发生，这一点，我们很难认同。

美国爱荷华大学的埃里克·李（Erik Lie）提出了第三种可能的解释，他的解释也以选择法则为基础，只不过选择法则发挥效力的方式完全不同。李在分析后评论道："除非高管们能预测市场的未来走势，否则这样的结果表明，至少有一些期权的授予是具有追溯性的。"李的意思是说，并不是文章的作者为了博眼球在事后专门挑出了符合他们设想的股票，而是公司董事会选择了在股价大幅上涨之前的日期授予高管期权。也就是说，他们可能在事后把授予期权的时间定在了对高管们有利的"好日子"。

选择法则在这里发挥的作用就跟它在谷仓靶子例子中发挥的作用一样。先射箭，然后画靶子和靶心，箭射中靶心就容易多了。看看过去股市价格的变化数据，你很容易确定它们何时飙升，这比预测未来的股价走势容易多了。伟大的物理学家尼尔斯·玻尔（Niels Bohr）就曾经中肯地评论说："预测是非常困难的，尤其是对未来的预测。"回顾过去已经发生的事实，而不是预测将来会发生什么，当下不确定的概率转变成了确定的，这种做法与"预测"相对应，被称为**后测**（postdiction）。

预测和后测之间的鲜明对比体现在很多地方。例如，一场重大的灾难发生后，人们通常会问："为什么我们没有预见到灾难来临呢？"而且还会说出各种预示着灾难即将来袭的迹象，"9·11"事件就是典型的例子。问题是，警示性迹象隐藏在众多的其他迹象和事件当中。事件发生之后，人们很容易把各种迹象串联起来，形成完整的、证明灾难即将来临的证据链。但在事发之前，面对众多的迹象和潜在的证据链条，我们不知道如何把它们串联起来。这并不是因为警示性迹象过多，而是因为我们串联各种迹象的方式太多了，我们不知道如何选择。获得新的信息后，我们会重新审视之前看到的迹象，这是我们的本能，然后我们就会确认预示着灾难发生的证据链条，接着理直气壮地说："瞧，灾难迹象早就出现了"，在心理学中，这种倾向被称为"后见之明偏误"（hindsight bias）。这不是什么新思想，只是选择法则发挥作用的一种表现。

和非概率原理的其他方面一样，选择法则以各种意想不到的方式影响着我们的生活。想象一下这样的场景：某个人来到了火车站，他看到了一张地图，上面的大红点处标着"你所在的位置"几个字，他很惊讶，不明白铁路公司怎么知道他此时正好就在这里。我想起了一位朋友的经历，他收到了一封令人讨厌的垃圾邮件，内容是有关隐私的生理健康问题——"他们怎么知道我需要这个？"他寻思道。另一个有点超现实的例子是，当你拨错电话号码时，为什么你从来没遇到过对方占线的情况？看地图的人忘记了只有到了火车站的人才会看到那张地图，我的朋友忘记了其他数百万人也收到过同样的垃圾邮件，而拨错电话的人忘记了只有当对方接通了电话时，他才会发现自己打错了电话。

这些都是选择法则发挥作用的普通例子，一个意义更重大的例子是选择法则推动了生物进化的自然选择过程，即适者生存，还有另一种被称为"人择原理"（anthropic principle）的思想，它解答了宇宙为何是现在这般模样的问题，我将在第十章详细讨论它们。

我在第二章中曾提到过著名的美国预言家珍妮·狄克逊，她因做出了许多正确的预测而天下闻名，但她做出过更多与现实不符的预言，这一点就鲜为人知了。她的诀窍就是让人们关注正确的预测，遗忘掉错误的预测。现在我们也知道，所谓的"珍妮·狄克逊效应"只是选择法则的一种表现而已。第四章提到的股票情报员也是利用了选择法则，他预测了所有可能的股票涨跌结果，并将每一种结果信息发送给了不同的人。必然法则告诉我们，在他预测的结果中，必然有一种是正确的。然后他运用选择法则，把正确的预测作为他具有未卜先知能力的"证据"——至少在收到他正确预测结果的人眼里是如此。

我们知道，巧合指的是一系列事件出人意料地同时发生，比如高尔夫球手接连打出了两个一杆进洞球，但巧合并不要求每一个单独的事件都是不大可能发生的，例如我们在第二章中提到的卡利古拉和林肯都梦到过自己会遭暗杀，他们的梦最终都应验了。科学家们现在知道，每个人一晚上至少会经历4-6个做梦阶段，而且会忘记大部分梦中的内容。当第二天发生了特别的事情时，我们有可能回忆起梦中的情形。大脑就是这么运转的，它能把不同的事件联系起来。由此可见，并不是梦预言了事件的发生，我们做过很多梦，梦醒后也发生了很多事件，我们只是注意到了与事件相匹配的梦，忘了其他梦而已。为什么要记住它们呢？它们只是梦境、记忆和事件的随机组合，记住它们有什么意义呢？只有梦中的事情在现实中发生了时，我们才会感到讶异。

罗马帝国皇帝卡利古拉于公元37年到公元41年在位，他的全名是盖乌斯·尤里乌斯·恺撒·奥古斯都·日耳曼尼库斯（Gaius Julius Caesar Augustus Germanicus），卡利古拉是他父亲的士兵给他起的昵称，意思是"小兵靴"。他一生中多次遭刺杀，前几次均幸免于难，这导致他更有可能梦见自己被刺杀。另一方面（选择法则派上了用场），史书上没有记载他梦见遭刺杀但第二天没有被刺杀的次数，这并不意外。卡利古拉的谏官回忆说，他告诉他们自己梦见遭遇了刺杀，之后他确实被刺杀了——不过梦见遭刺杀但实际上没有被刺杀是很平常的事情，不值得记载。考虑到除了梦见遇刺且真遇刺的人之外，还有数百万人梦见了遇刺却在现实中安然无恙，我们就会明白，这是选择法则在作祟。

林肯的梦也是如此。他之前可能多次做过遭遇刺杀的梦，他只是没有向朋友们提及过，或者曾经提及过，但由于之后没有真的遇刺，朋友们忘记了。选择法则再一次显示了其威力。

这类"先知先觉"的梦也体现了非概率原理其他组成部分发挥的作用。例如，卡利古拉的梦境是模糊不清的。他看到自己站在众神之王朱庇特的宝座前，随后坠落至凡间，他把此梦解读为死亡即将来临的警示。在我看来，也可以这么解读这个梦：他死期未到，需要在凡间继续生活。现在，回忆一下我们在第二章提到的做出成功的预言应遵循的原则，你会发现，模糊性是导致许多人对概率做出错误评估的核心因素。事实上，这体现的是非概率原理的另一个组成部分的作用，我称之为"够近法则"，我们将在后面讨论它。这条法则本质上是说，某个事件可能和你描述的不完全一样，但若相差不大，我们就认为二者是吻合的。例如，林肯在遇刺前三天曾向沃德·希尔·拉蒙（Ward Hill Lamon）和其他人描述过他做的梦，他是这么说的："大约10天前……"做梦的时间离真实事件发生的时间相隔多近才算梦境有预示性呢？一天、一周还是一年？只要把"足够近"的范围扩大，你就可以保证二者相吻合，这就是够近法则的本质。

巨数法则也是有用武之地的。考虑到世界上所有人每晚做的梦的数量，没有人的梦与第二天发生的事件相吻合才叫怪事呢！

选择法则的误导性并不是最近才被世人发现的，早在1620年，弗朗西斯·培根就在《新工具》一书中举了一个范例，我们在第二章讨论证实性偏差时也曾提及过这本书。培根写道："说一个故事来作譬喻：有一次，一些人把神庙里悬挂着的一幅图画指给某个人看，画中描绘的是一些人向上天祈祷逃过船难的情景，他们问他相不相信神仙的力量。这个人却反问道：'不错，但那些许愿之后仍然被溺死的人又在哪里画着呢？'只有那些在海难中幸存下来的人才有机会告诉你他们已提前做过祈祷了。"

彩票中奖的概率与金额

到目前为止，我们列举的都是事后选择的例子，比如食品制造商选择把去皮后完好无损的核桃仁放进罐子里。但选择法则也以其他方式发挥着作用，下面的例子就展示了该法则如何导致你的彩票大奖不翼而飞。这与你中大奖的概率无关，而是与你可获得的奖金额有关。

若有成千上万的人选择了中头奖的号码，那么即使你中了头奖也没有多大的意义。当你意识到自己只是一千个赢家当中的一个时，你对数百万美元的憧憬瞬间就化为了乌有。也许你会理性地说，既然中头奖的概率很小（比如买49选6彩票中头奖的概率是1/1400万），两个人选中同一组数字的概率肯定也非常小，更不必说数千人选中同一组数字了。

你想的很对，但你没有考虑到两个因素。一个是巨数法则，当有足够多的人买彩票时，其他人与你选中同一组彩票号码的概率会大幅提高；另一个是人们选择彩票号码的方式，他们往往不会随机作出选择，而是会选择具有特殊意义的数字，比如出生日期。这样，1948年6月18日出生的人买彩票时可能会选06，18，48这些数字。夫妇俩的出生日期就能确定49选6彩票所需的6个数字。一个月最多有31天，一年只有12个月，如果你把选择范围限制在出生日期，那么你就不是从49个数字中做选择，而是从更小的集合中做选择了，例如你买彩票时可能永远不会选择33，36，37，45，48或1，4，18，35，38，43这样的数字。

缩小了选择范围会增大人们选择相同数字的概率，一方面是因为可供选择的号码减少了，另一方面是因为其他人也会采用与你相同的方式选择号码。

另有一些人打算"随机地"选择号码，他们会采用一定的方式选择出一组号码，例如画对角线或者避开边缘数字。还有一些人按某种规律选号码，比如从1开始，之后每隔3个数字选一个，这样选中的数字为1，4，7，10，13，16，或者选平方数，这样选中的数字为1，4，9，16，25，36等。需要注意的是，其他人也可能采用这样的方式，因此彩票购买人选出相同号码的概率会提高。

另一种流行的策略是选择上一期的中奖号码，这显然会选出一组随机号码，但其他人也可能这么做。还记得2009年9月6日开出的保加利亚彩票中奖号码与4天后开出的中奖号码一模一样吗？第二次有18个人选中了这组数字！总奖金额为137574美元，每个中奖的人仅获得了7643美元。当然，无论如何中奖都是值得开心的事情，不过这么少的金额不会使中奖者的生活有多大的改善。

确实有很多人是根据某种规律选择号码的。例如，在购买了1986年6月7日开奖的纽约州彩票的人中，有14697人都选择了这一组数字：8，15，22，29，36，43。1988年10月29日，加州"49选6"彩票开奖后，被最多人选的号码组合是7，14，21，28，35，42，有16771人选择了它。这两组号码都很有规律性（相邻的数字都相差7），这样的巧合难免会让人心生疑虑。在1994年8月27日开奖的芬兰"39选7"彩票中，有5066人选择了1，2，3，4，5，6，7这组号码，有3225个人选择了5，10，15，20，25，30，35这组号码。选择这些号码组合的人可能认为，选它们的中奖概率与选其他任何号码组合的一样，这样想没什么问题，只不过其他人也可能选中这些组合。

在前面提及的核桃和射箭例子中，事后选择结果的行为误导了我们对概率的评估，而在彩票例子中，选择法则发挥效力的方式不同：它扭曲了结果本身。任何一张彩票的中奖概率都没有变，但你获得的奖金额却发生了巨大的变化。

顺便说一句，这对所有买彩票的人来说都是个教训。虽然提高中奖概率的唯一方法是买入更多的彩票，但你可以通过选择其他人不太可能选择的号码组合来提高平均的中奖金额。这意味着你应当避免按某种规则选择彩票号码。而且，由于你无法预测其他人遵循的规则，为了降低与其他人选择相同号码的概率，你应当随机地选择号码。彩票运营商都提供了快速挑选或幸运抽取号码的服务，你可以简单迅捷地完成随机选取过程。

均值回归效应

1986年，美国得克萨斯州的弗伦兹伍德市首次引入了交通执法摄像头或"测速摄像头"，英国于20世纪90年代引入了它们，现在它们已经无处不在了。安装在固定位置的摄像头大都色彩艳丽，驾驶员很容易看到它们。这么做很合理，安装摄像头不是为了逮到超速的驾驶员，而是警示他们慢行。一些激进分子却不这么认为。这些激进分子之所以产生这样的误解，是因为摄像头的安装和维护实行"成本回收制"，需要在一定程度上自负盈亏。这样的制度会让人觉得，政府安装和维护摄像头的目的是向司机征税，正因为如此，尽管摄像头是警示司机负责任驾驶的工具，但它们仍然备受争议。

成本回收制只是这些摄像头备受争议的一个原因。另一个原因是它们的效果问题，即这些摄像头的存在是否真能有效地减少事故的发生。这个问题的答案与选择法则有关，它夸大了摄像头在降低事故率方面发挥的作用。我在第五章中曾简要地提及过产生这种作用的原因——均值回归效应（regression to the mean）。19世纪，弗朗西斯·高尔顿爵士最先提出了这种效应，他最初把它称为向平庸回归（regression to mediocrity）[①]。

高尔顿是科学史上响当当的人物，是现代科学的奠基人之一。他是查尔斯·达尔文的堂兄弟。在他那个时代，对科学的划分远没有今天这么细致，他在许多领域都取得了卓越的成就，包括统计学、气象学、犯罪学、心理测量学、人类学和遗传学。

高尔顿发现，在父母身上非常明显的特征在孩子身上可能表现得不那么明显，例如，当父母个子特别高时，子女的个子虽然也很高，但与父母相比，子女的身高更接近平均水平。同样，矮个子父母的子女往往比一般人矮，但比其父母高。其他遗传性特征也显示了这样的规律，因此似乎存在某种生物机制将一代代人的身高拉回至平均水平。高尔顿的不凡之处就在于，他认识到将事物拉回平均水平的这股力量纯粹是一种统计选择，是选择法则（尽管他没有这么称呼它）发挥作用的一种表现。

为了说明这一点，我们举一个投掷标准的6面立体骰子的抽象例子，它与行为的心理暗示、道路交通安全措施的变化和潜在的生物机制均无关联。

---

① 统计学中的"回归"（regression）一词的使用便源自"向均值回归"（regression to the mean）。

想象一下，我们投掷了3600颗这样的骰子。纯粹按概率计算，我们预计其中有约600颗骰子显示1点，约600颗显示2点，以此类推，有约600颗显示6点。接下来我们选出所有掷出6点的骰子，舍弃掉其他的。因为留下来的每一颗骰子都掷出了6点，所以它们掷出的点数的均值显然也是6。然后我们再投掷一遍这些被留下来的骰子。再次按概率推算，我们预计其中约有100颗骰子显示1点，约100颗显示2点，依此类推，约100颗显示6点。第二次投掷的骰子显示的点数平均值约为3.5〔（100×1+100×2+⋯+100×6）÷600〕。均值已经从第一次投掷时的6下降为了第二次投掷时的3.5。

从6降至3.5的原因很简单。掷骰子时得到每种结果（1到6）的概率都是一样的，所以，当我们选择（约）600颗在第一次投掷中显示出6点的骰子时，我们选择了那些纯粹偶然地掷出6点的骰子。但这些骰子并没有什么特别之处：当下一次投掷它们时，它们还会像普通的骰子那样显示点数，最终出现了3.5的平均值。

这是选择法则的一种表现：我们根据随机结果（6点）选择骰子，但没有理由期望下一次掷骰子时会再次得到同样的结果。

现在，我们回到摄像头的例子中，看看能从掷骰子的例子得到什么启示。假设事故发生是随机的，我们可以把3600颗骰子视为安装摄像头的位置，每颗骰子都相当于一个潜在的安装摄像头的位置，骰子显示的点数对应于这些位置发生事故的数量（从1到6）。假设我们只有600个摄像头，我们必须决定把它们安装在3600个位置中的哪些地方。显然，我们会选择把摄像头安装在事故发生概率最高的位置，毕竟，把它们安装在鲜有事故发生的位置没什么意义。这样，我们在（大约）600个发生了6起事故的位置各安装了一个摄像头。

现在，我们来看看安装测速摄像头的位置的事故发生率在第二年有什么变化。第二年的事故发生率相当于第二次投掷600颗骰子（第一次投掷时均显示6点）的结果。正如我们看到的，大约有100个位置发生了1起事故，大约100个位置发生了2起事故，以此类推，一直到大约100个位置发生了6起事故。因此，按照之前的计算，在这600个安装了摄像头的位置处，第二年的事故平均值为3.5起，事故率看起来大幅下降了。但事实上，事故发生率降低与是否安装了摄像头无关，这只是选择法则在作祟、事故发生率向均值回归罢了。

不幸的是，现实中的测速摄像头问题要比这复杂得多。如简化模型中所做的一样，现实中测速摄像头似乎被安装在了最需要它们的位置，这些地方的事故发生率最高，但实际上导致这些地方事故频发的不只是偶然因素，有些地段本来就很危险（例如，直线路段过长，司机更有可能超速行驶）。因此，若在这些地方安装摄像头后事故率下降了，那可能是均值回归效应和司机看到警示后慢行这两大因素共同作用的结果。

仔细地分析道路交通事故数据，同时考虑到车流量的增加、驾照考试难度的提升、车辆安全性的提高（如防抱死制动系统的使用）、反酒驾宣传等因素，我们会发现，即使是把选择法则的作用考虑在内，安装摄像头也是有实效的。例如，一项针对216个摄像头的研究指出，在安装摄像头前，这些地方每年发生的致命性严重事故多达226起，安装摄像头后变为103起，每年减少了123起。分析表明，其中的78起是选择法则通过均值回归效应导致的，因交通条件变化和其他措施减少的事故数量为21起。因此，在每年减少的这123起事故中，只有24起（123-78-21=24）可归因于摄像头的安装。

总而言之，尽管摄像头可以减少事故数量并挽救人的生命，但若不考虑选择法则的话，我们会高估了其效力。

选择法则的均值回归效应会体现在各种意想不到的领域。例如，电影公司只给特别成功的电影拍续集，但电影之所以特别成功，一方面是因为其本身的优点，另一方面则得益于偶然性因素的助推。拍出来的任何续集，即使具有与前一部电影同样的内在优点，也不太可能遇到与之前一样的偶然性助推因素，因此续集大概率不会像前一部那么成功。

同样，在《共时性》一书的第一章中，卡尔·荣格介绍了超心理学家J.B.莱茵完成的一些超感官知觉实验，荣格评论说："所有这些实验的一个共同点是，在第一次尝试后，被试的猜中率都会下降。"不然呢？均值回归效应告诉我们，出现这样的结果是理所当然的。

均值回归效应还会影响疾病的治疗，使严重程度随时间波动的患者和自然痊愈的病例相混淆。当病例症状加重时，医生会对其进行治疗，当病情随时间起伏时，我们应该预料到有些病例在不接受治疗的情况下也会自然痊愈。许多庸医和伪科学疗法就是利用了这一点。庸医会等到病例的症状加重时再给他们开药，等到症状缓解时，他们会理直气壮地声称，一切都是因为他们开的药有奇效。

正因如此，随机对照试验才显得十分重要。在这样的试验中，有两组病情一样的患者，一组服用治疗药物，另一组服用安慰剂，或根本不服用任何东西。患者和研究人员都不知道哪一组服用了药物，哪一组服用了安慰剂。如果症状缓解纯粹是由于均值回归效应导致的，与药物无关，那么两组患者的痊愈率应该是一样的。

在《巧合的根源》一书中，亚瑟·科斯特勒用一个滑稽的例子说明了均值回归效应的误导性，它会使我们对理应发生的事件作出不同的解释。他写道："每次实验即将结束时，即使是最热情的被试，其猜中率也会显著下降，经过几周或几个月的紧张实验后，他们中的大多数人完全失去了特殊的天赋。顺便说一句，这种'下降效应'（从实验开始到结束）反被视为猜中率确实受人为因素影响的证据，而不被视为猜中完全是巧合的证据。"

一旦你开始留意均值回归效应，你就会发现它无处不在。当分数、结果或反应含有随机成分时，这种效应就会显现出来。比如你在考试、测试、工作、运动或其他方面的表现显然在一定程度上取决于你的能力、准备情况和其他因素，但也受偶然性因素的影响。也许考试当天你感觉特别好，或者你恰好押中了考题，或者潜在客户的代表正好是你的高中同学。促使你表现良好的偶然性因素下一次很可能不会出现了，因此下一次你的表现就要差一些了。均值回归效应表明，看到成绩时要三思：极高的分数可能主要是偶然性因素导致的。

反过来说也合理。如果说极好的表现是有利的偶然性因素导致的，那么极差的表现就是不利的偶然性因素导致的。

任何一种排名（运动队、外科医生、学生、大学，你能想到的一切）都是这样的：若高排名主要靠机会获得，那么下次的排名可能就会下滑。

2000年获得诺贝尔经济学奖的心理学家丹尼尔·卡尼曼（Daniel Kahneman）在其自传性文章中阐述了这些理念。他说：

> 我职业生涯中收获最大的经历来自一次面向飞行员教官的讲座，我告诉他们说，要提高飞行员的技能，表扬比惩罚更有效。在我热情洋溢的讲话结束后，一位资深教官举手站起来言简意赅地表达了他的看法，他认为我的方法对某些人管用，但不适合飞行学员。他说："从我几十年的经验来看，负面的反馈更能够改变一个人的行为。表扬表现好的飞行员后，下次他们的表现就会退步。冲着表现差的飞行员大喊大叫后，他们的表现反而进步了。所以请不要再说表扬有用、惩罚没用了，因为事实正好相反。"

这正是均值回归效应的体现！

科学中的选择偏倚

选择法则在科学领域表现为"选择偏倚"，我在第二章中曾提到过这一点。例如，在18世纪晚期，威廉·威瑟林（William Withering）发现植物毛地黄能有效地缓解水肿症状，他在《论毛地黄及其医学用途》（*An Account of the Foxglove and Some of Its Medical Uses*）中写道："选择治愈的病例很容易证明药物的效果，而且有助于提升我自己的名望，但这样的做法无疑违背了事实和科学精神，因此我列出了所有药方中含毛地黄的病例，无论是否合适，也不论是否成功。"他很清楚选择病例具有误导性，因此避免了这一错误做法。

我在《信息一代：数据如何统治世界》(*Information Generation: How Data Rule Our World*) 中举了几个例子，说明了科学史上几位赫赫有名的大人物似乎刻意选择了支持他们观点的结果，包括发现了大多数传染病都是由微生物引起的路易斯·巴斯德（Louis Pasteur）和测定了电子电荷的罗伯特·密立根（Robert Millikan）。密立根说得很直白："当测定结果与其他观察结果不相符时，我就会放弃它们（低质量结果）。"他愿意说出这一事实可能是因为，他已经意识到了这么做的危害。

选择结果是歪曲结论的其中一种方式，另一种方式是在完成实验和收集数据之后提出假设，这种做法被称为"照着结果提出假设"(harking)。采用这种方式，你能很容易提出得到数据支持的假设！这么做的危害显而易见，但其影响通常以更加难以察觉的方式表现出来。例如，研究人员可能会先筛选数据，观察是否呈现出某种趋势，若答案是肯定的，他们就会对数据进行更为细致的统计分析和验证，以确定趋势是否显著。但由此得出的任何结论都会被最初的趋势观察所扭曲。

我在第二章也提到过一种引起了大量关注的选择偏倚，即发表偏倚，指的是科学期刊倾向于优先发表具有统计学显著性研究意义的研究结果，无统计显著性和无效的结果不太容易被发表。有时这种现象也被称为"文件抽屉效应"，指的是未发表的研究成果最终会被放在文件抽屉里，永远不会出现在科学文献中。

期刊编辑这么做自有他们的道理。得出药物有效结论的研究本质上比得出药物无效结论的研究更令人兴奋，因此，与前者相比，作者倾向于不会提交阐释后一种结果的论文，编辑也更倾向于发表前一种论文。毕竟，有哪位编辑希望自己的期刊上刊登的都是研究结果表明药物无效的论文呢？但这种做法会误导读者对药效的印象。

不幸的是，后果要严重得多。药效如何通常会在几轮测试后（药品监管机构要求进行多轮测试）得出结论，但病情随时间变化，即使药物不起作用，一些患者的症状也会因偶然性因素减轻。因此，即使药物本身无效，一些测试也会得出其有效的结论。测试人员就此撰写了论文并提交给期刊编辑。那些证明药物有效的论文更有可能被撰写、提交和刊发。在发表偏倚的作用下，那些纯粹因偶然性因素导致阳性结果的论文被大量提交和发表，显示阴性结果的论文则被拒稿。

发表偏倚导致的一个有趣后果是，先前发表的研究成果常常被推翻。与掷骰子和遭遇火车事故的例子很相似，都是均值回归效应的结果。如果显著的疗效是偶然性因素导致的，那么再次使用该疗法或重复该研究时，之前的显著疗效就会消失。斯坦福大学流行病学家约翰·伊奥尼迪斯（John Ioannidis）在此基础上做了进一步的延伸，他写道："人们越来越担心，目前发表的大多数研究结果都是不可靠的。"

大众媒体和网络上发起的许多调查也体现了选择法则可能对结论产生的扭曲。为了得到可靠的结果，任何调查都应甄选被试样本，以便基于该样本的任何推断都能代表目标人群的整体看法。调查不能通过问题设计强化或弱化某些特定人群的回答倾向，这是不言自明的道理，但杂志、报纸和网络上不时出现这类调查。我们以一个极端的例子来说明这样的设计有多荒谬。某份杂志向读者发起了一项调查，试图搞清楚读者是否会回复该杂志所附的问卷调查，它提出的问题是："你是否会回复本杂志所附的问卷调查？"然后它根据读者回答"是"的比例得出调查结论。

再举一个我喜欢的例子。2006年7月《精算师》杂志在致读者的公告中写道："几个月前，我们邀请了16245位读者参与我们有关精算师后代性别的在线调查……很高兴地告诉大家，有一些人（实际上是13人）回复了我们的调查。"该杂志认识到，在如此小的样本基础上得出结论是荒谬的，但它从一开始就不清楚这种调查设计的不合理性。（该公告接着说："我们或许能从中得出结论，精算师不太喜欢参与在线投票。"）

我们需要警惕选择法则对结果造成的扭曲，特别是当它降低了某些事件发生的概率时。我们再举几例说明该法则如何在不知不觉中发挥作用。第一个例子说明，较高的不确定性有时反而对你有利。

想象一下，我们想要招聘一位能力出众的人做某项工作。分数并不能完美地体现应聘者的能力（回想一下你在学校里的考试分数，有时你的分数高于预期，有时则低于预期，分数高低取决于试卷的难易程度、你前一夜的睡眠状况等因素）。假设有20位候选人，他们能力相当，也就是说，他们经过了多轮测试后，平均得分一样，但其中10位候选人的分数变化幅度大于另外10名的。

例如，10名候选人的分数在45分至55分之间，而另10名候选人的分数在20分至80分之间。这两组候选人分数的平均值都是50，但第二组的均值变化幅度更大。为了工作需要，我们决定选择得分最高的候选人。显然，这名候选人更有可能出自第二组。尽管从平均值来看，两组候选人不分伯仲，但我们倾向于从第二组中作出选择，这就体现了我们的选择偏倚。我们这么做是为了选出合适的人才，但这么做存在一个明显的缺点：如果测试确实有效地衡量了候选者的工作能力，那么我们最有可能选择的那个人在工作中的表现也可能最不稳定。

接下来假设我们正在对比10种药物的疗效，我们把每种药物都分发给30名患者服用。即使所有药物的效果相同，也会有一组患者恢复得最好（任何一组数字中都会有最大值）。但是，若简单地以每一组的分数代表药物未来的疗效，结果如何就要看运气了：以高分数为依据可能会导致我们高估疗效。如果我们给另一组的30名患者服用相同的药物，在均值回归效应的影响下，新的分数可能会比之前低。

临床试验中选择法则起作用的另一个例子是退出偏倚（dropout bias）。患者退出实验的情况并不罕见，因此随着时间的推移，参与实验的人会越来越少。患者退出的原因有很多，可能是因为搬家，或者人离世了，也可能是他们厌倦了吃药。但是，若一些患者退出是因为感觉自己身体痊愈了（药物的作用），不想继续去诊所检查了呢？这样剩下的就是治疗无效的患者了。除非在分析中考虑到了这些中途退出的病例，否则我们就会得出药物无效的结论，但事实可能恰恰相反。

病程长短偏倚（Length-time bias）是选择法则扭曲结果的另一种表现。当选择的概率随病程长短变化时就会出现这种现象。举个例子，假设我们想知道普通感冒一般会持续多长时间，为了获知答案，我们选择1月1日以来到医疗中心看感冒的人为研究对象，我们询问他们是从什么时候患上感冒的，然后进行跟进，看看他们什么时候痊愈。问题是，感冒持续时间长的人更有可能被纳入统计中。在前一年的某个时点感冒并在1月1日就诊的人会被我们纳入统计，但在前一年某个时点感冒一天后就痊愈的人则不会。事实上，若每天感冒的概率是一样的，在纳入我们统计的人中，感冒一天后就痊愈的人占1/365。因此，我们的统计将大大低估感冒持续时间很短的人的人数。当我们计算感冒持续时间的平均值时，我们得到的数字会比实际的大很多。

类似的例子还有很多，不过最后我要举一个你可能亲身经历过的例子：你在看到一个生字之后不久又看到了它。导致这种事情发生的原因有很多，选择法则是其中之一，我们以后再讨论其他的原因。想一想那些你平均10年才会看到一次的生僻字吧，注意，这里说的是平均值，一些字更加生僻，你很早就认字了，但你直到现在才第一次看到它们。但是，一旦你看到了它们，你很有可能不用等10年就能再次看到它们了，甚至你很快就看到了它们，这会让你大吃一惊。这又是选择法则在作祟。

选择法则发挥作用的方式有很多种，它告诉我们如何通过事后的选择改变概率；如何等待结果出现后再作出预测；如何在不改变实际中奖概率的前提下增加彩票头奖金额。均值回归效应则告诉我们，我们的表现有好有坏，如果我们碰巧在某些方面表现得很好，那么我们应该预料到下次就不会表现得这么好了。体现了这一法则效力的事件比比皆是，一旦你熟悉了它，你几乎每天都能看到相关的例子。

在下一章中，我们将探讨非概率原理的一个非常特别的组成部分：概率杠杆法则。这条定律告诉我们，思维的微小差异会对概率产生巨大的影响。

第七章

概率杠杆法则

> 机会总是垂青有准备的人。
>
> ——路易斯·巴斯德（Louis Pasteur）

失之毫厘，谬以千里

你正按照计划的线路行驶在高速公路上，经过了几处地标建筑后，突然之间你觉得有些不对劲了，你不记得在地图上有眼前这个村庄的名字。你继续前行，但越来越多陌生的名字从你眼前闪过。你现在不知道自己身在哪里，一切都跟预想的不一样了（你后悔自己没有使用GPS导航系统）。

本章将讨论导致预期和现实不相符的原因，这与宇宙模型和不可能性有关。

在介绍对冲基金发展史的《富可敌国》(More Money Than God)一书中，塞巴斯蒂安·马拉比（Sebastian Mallaby）写道："（1987年）10月19日，标普500指数期货合约暴跌，出现这么大跌幅的概率是$1/10^{160}$——在1的后面有160个0。"为了对这个概率值有清晰的认识，我们换一种说法：即使股市持续运行200亿年，达到宇宙寿命的上限，或者宇宙连续爆炸了20次，每次爆炸后股市都能持续运行

200亿年，也不会发生这样的崩盘。

博雷尔定律告诉我们，马拉比说的事情不可能发生，因为概率足够小的事件永远不会发生，在任何人的眼里，$1/10^{160}$的概率都"足够小"了。按理说这样的事件不可能发生，然而在1987年10月19日它确实发生了，这是怎么回事呢？

答案植根于非概率原理的另一个组成部分，我把它称为"概率杠杆法则"。

在力学中，杠杆定律描述的是不同重量的物体如何像坐在跷跷板上的两个人一样保持两端平衡。为了保持平衡，体重较轻的人要离支点远一些，而体重较重的人要离支点近一些。当较重的人稍微向远处移动一点，或者其体重稍有增加时，跷跷板就会倾斜，体重较轻的人所在的一端就会翘起来。

同理，概率杠杆法则告诉我们，环境的微小变化可能对概率产生巨大的影响，比如使微小的概率转变为极大的概率。

然而，我必须承认这一点：我的阐述可能误导了你，我在引用塞巴斯蒂安·马拉比的话时省略了一些内容，上述的引文之前还有这一句："就正态概率分布而言……"我们在第三章中介绍过正态分布，它能告诉我们某些情况下测量或观察到某个特定值的概率。

因此，完整引言的意思是，当股价波动幅度呈正态分布时，标准普尔500指数期货合约出现1987年10月19日那么大跌幅的概率只有$1/10^{160}$。科学理论与观察结果不相符可能是几个原因导致的：一是数据有问题，测量中存在某些偏差；二是理论本身在某些方面有误（例如，理论赖以成立的假设不完全正确）。

人们很喜欢假设股价波动幅度呈正态分布，因为这种分布具有良好的数学性质，便于推理和预测。此外，之前我还提到过一点：测量值通常呈近似的正态分布，但这里的"近似"一词非常关键。事实上，金融家现在已经认识到，股市的波动幅度虽然近似地呈正态分布，但并非分毫不差。在概率杠杆法则的作用下，极微小的偏离会被放大，最终对结果产生巨大的影响——马拉比举的例子正是如此。

要了解该法则的作用机制，首先需要深入了解正态分布。

理想化的正态分布

我在第三章中提到过，正态分布呈钟形，事实上，数学家对其形态的界定要精确得多。他们有特定的公式计算其均值和其他数值相对于均值的离散程度，这样就确定了正态分布的形状。一旦我们知道了平均值和离散度（也叫标准差），我们就能根据正态分布的数学表达式计算出随机抽取的值位于任何区间内的确切概率。例如，我们可以计算出随机抽取的值位于0和1之间或–1和+2之间的确切概率。

图7.1以三个正态分布说明了这一概念。为便于理解，我们可以将它们视为三组儿童（可能接受的教学方法不同）的考试分数。每个分布的中心对应的是平均值，任何特定分数对应的曲线上的点的高度表示得到该分数的概率。从图中可以看出，中心位置的概率值最高，因此若从任何一组中随机选出一个孩子，他的分数最有可能接近于他所在组的平均分，不太可能过高或过低。离中心越远的位

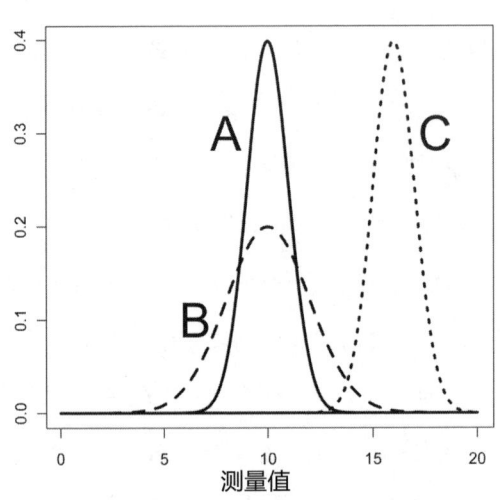

图7.1　三个不同的正态分布形态

注：A的均值为10，标准差为1；B的均值为10，标准差为2；C的均值为16，标准差为1。

置，概率值越低，而且中心的两边是对称的。这意味着随机选出的孩子的分数高于或低于均值3分的概率是一样的。

A的均值为10，标准差为1；B的均值也为10，但标准差大，为2，所以B组的儿童得到远离均值的分数的概率要高于A的。例如，对于分数6和14，A分布曲线所对应的概率值接近于零，而B分布曲线对应的概率值相对较高，因此与A组儿童相比，B组儿童的分数出现极端值的概率更高。

在上述例子中，B组儿童在测试中得到极端分数的人要比A组的多。为了增强这一推断的说服力，我再补充一个有趣的事实：在一些心理测试中，男孩的分数似乎比女孩的分数分布范围更广。男孩得高分和低分的人数比较多，得分接近均值的人数相对较少。

分布C与A的标准差相同，但均值不同。从均值来看，C组儿童的测试分数要高于A组和B组的，但C组的分数对均值的标准差与A组的相同：C组儿童的分数高于均值3分的概率与A组的相同。

还有一点需要注意，尽管图7.1中所示的三个分布有差异，C偏向右边，B比较扁平，但它们的基本形状都是一样的，这是由正态分布特定的数学表达式决定的，是该分布性质的体现。

金融崩盘与西格玛事件

讨论完正态分布的性质后，我们再回过头来看看1987年10月19日的股灾。这一天被称为"黑色星期一"，道琼斯工业平均指数下跌了22.6%，创下了历史上的最大单日跌幅纪录。到10月底，全球主要股市都经历了大幅的下跌：美国下跌了23%，英国下跌了26%，澳大利亚下跌了42%。

大约10年后，即1998年，美国对冲基金长期资本管理公司（Long-Term Capital Management）倒闭。罗杰·洛文斯坦（Roger Lowenstein）这么评论该事件发生的概率："该公司持续遭受厄运——比如说在一个月内损失40%的资本，概率低得令人难以置信……事实上，数据表明，只有发生所谓的10西格玛事件……该公司才会在一年内损失所有的资本。"

"10西格玛事件"是以正态分布的标准差为基础表述不大可能出现的结果的方式。正态分布的离散度或标准差通常用希腊字母西格玛（sigma）表示。"10西格玛事件"指的是发生概率者少比平均值大10个标准差的事件（有时指观测值至少比平均值大10个标准差或者小10个标准差。由于正态分布的对称性，观察到双侧值的概率是观察到单侧值概率的两倍）。从正态分布的形状可以看出，极端值离平均值越来越远，我们观察到它们的概率会越来越小，因此10西格玛事件发生的概率要比5西格玛事件发生的概率小得多。从表7.1列示的数据中我们可以看出这一点，该表显示了观察到5，10，20和30西格玛事件发生的概率。5西格玛事件（至少比平均值高出5个标准差的值）发生的概率约为2.867×10^{-7}，或约1/350万，10西格玛事件发生的概率约为1/13000000000000000000000。

表7.1 正态分布下5、10、20和30西格玛事件发生的概率

5西格玛事件发生的概率	1/350万
10西格玛事件发生的概率	$1/1.3 \times 10^{23}$
20西格玛事件发生的概率	$1/3.6 \times 10^{88}$
30西格玛事件发生的概率	$1/2.0 \times 10^{197}$

在长期资本管理公司倒闭约10年后，即2007年8月，金融界又发生了崩盘事件。高盛集团的首席财务官称之为"连续几天发生25标准差事件"。比尔·邦纳（Bill Bonner）在《金钱周刊》（Money Week）上写道："当时发生的事本该每10万年才发生一次。"

这些金融冲击具有令人痛苦的相似之处。把时间快进到2010年5月7日，那是个周五，丹尼斯·加特曼（Dennis Gartman）在《加特曼快讯》中写道："我们昨天看到了史无前例的震荡，货币价格偏离正态均值6，7和8个标准差……甚至发

生了12西格玛事件……我们被告知，大幅的震荡确实出现了，它们位于钟形曲线的边缘，这样的事件本应数千年才发生一次。"

加特曼认为这类事件是"史无前例"的，对此我不敢苟同，我认为它们是有例可循的。你可能会认同我的观点。我提到的都是近年来发生的金融崩盘事件，类似的例子还有很多。事实上，经济学家卡门·莱因哈特（Carmen Reinhart）和肯尼斯·罗格夫（Kenneth Rogoff）曾专门研究过这类事件的历史，它们最早约发生在8世纪。那么，这类事件"不可能"发生——至少这两位作者是这么认为的——但它们在现实中又屡见不鲜，这又作何解释呢？

比尔·邦纳在说完这类事件每10万年才会发生一次后接着补充道："要么……要么高盛使用的模型是错误的。"他说的没错，高盛使用的模型确实是错误的，它们以股价变化呈正态分布为前提，与马拉比提示的一样。如果假设是错的，即股价变化呈非正态分布，那么这类崩盘事件的发生可能就是意料之中的。这就是概率杠杆法则的本质：模型的微小变化或者我们认知的细微差异，都可能导致概率出现巨大的差异。

如果不是正态分布会怎样

如果市场波动幅度不呈正态分布，那么它一定呈其他分布，图7.2就显示了一个略微不同的分布形态。在该图中，实线显示的是均值为10、标准差为1的正态分布，与我们之前看到的相同。虚线显示的柯西分布[①]（以19世纪法国数学家奥古斯丁·柯西的名字命名，据说以他的名字命名的数学概念比其他人的都多）。正态分布和柯西分布是不同的分布，它们的数学表达式不同，观察到每个值的概率也不一样。但是，正如你所看到的，它们的形态差异并不大，很容易把它们混淆，你很可能把柯西分布误认为正态分布。

---

① 在图7.2中，正态分布的均值为10，标准差为1；柯西分布的均值和尺度参数均为1。

为了弄清楚这种差异的重要性,我们来分析当假设前提由正态分布转变为形态相似的柯西分布时,大于20的观测值的概率发生的变化。我们仍然以前述的儿童测试分数为例,把得分超过20的孩子称为"天才",现在我们要来看看"天才"出现的概率。

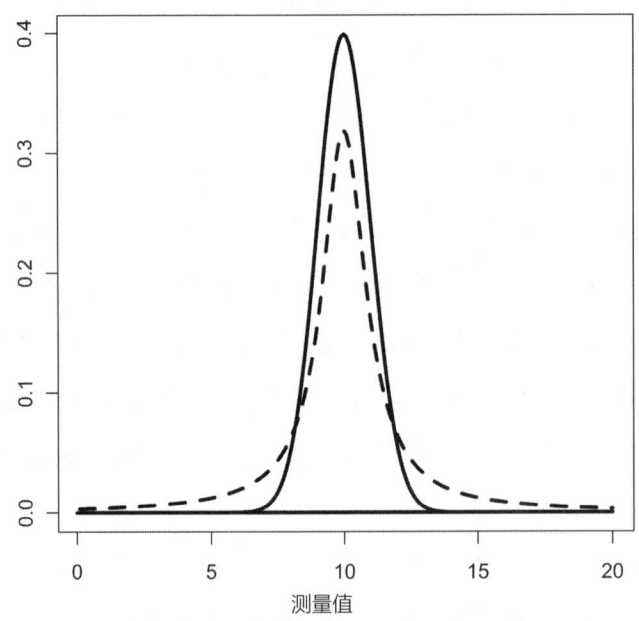

图7.2 正态分布(实线)和柯西分布(虚线)的比较

在正态分布中,得分高于20的概率仅为$1/1.3 \times 10^{23}$(如表7.1所示)。这相当于抛一枚正常的硬币77次,每次都正面朝上的概率。这个概率值非常小,事实上,根据博雷尔定律,我们不会预料到这么小概率的事件发生。

在柯西分布中,得分高于20分的概率为1/31。这相当于抛一枚正常的硬币5次,每次都正面朝上的概率。这样的事件很有可能发生!事实上,每100个孩子中大约有3个会得到这样的分数(这些孩子很聪明,但还算不上天才)。

如果测试分数呈柯西分布,但我们假设它呈正态分布,那么我们就大大低估了天才分数出现的概率,因为二者之间相差了约4.2×10^{21}或

4200000000000000000000倍，低估得太严重了！

这正体现了概率杠杆法则的作用。分布形态的微小变化——从图7.2中的一种形态转变为另一种形态——就可以把发生概率极其微小的事件转变为日常生活中常见的事件，比如火车晚点、铅笔掉落或者出门被雨淋等。在一种假设前提下，事件发生的概率小到了你认为它永远都不可能发生的程度；而在另一种几乎察觉不到差异的假设前提下，你认为它每天都可能会发生。

表7.2是表7.1的拓展，增加了柯西分布下的相应概率值。记住：5西格玛事件指的是发生概率比平均值大5个标准差的事件。现在我们可以看出，这些所谓的"稀罕事"时有发生了。

表7.2　正态分布和柯西分布中5、10、20和30西格玛事件的概率

	正态分布	柯西分布
5西格玛事件发生的概率	1/350万	1/16
10西格玛事件发生的概率	$1/1.3 \times 10^{23}$	1/32
20西格玛事件发生的概率	$1/3.6 \times 10^{88}$	1/63
30西格玛事件发生的概率	$1/2.0 \times 10^{197}$	1/94

为什么不以正态分布作为假设前提

我们以金融崩盘事件为例开启了对概率杠杆法则的探讨，但该定律并不只适用于金融领域。分布的微小改变可能会对结果产生巨大的影响，这一点在任何领域都适用。尽管概率分布通常被假定为正态分布，但读者应该记得我在第三章中提到过，正态分布在真实的世界里并不存在，我们看到的正态分布从来都不是真正的正态分布。现在我们已经知道，假设分布呈正态分布时，即使它与实际分布的差异很小，其结果也会与实际分布的结果存在巨大的差异。

实际分布偏离正态分布的常见原因之一是分布受到了"污染"，这体现在很多方面，例如，我们研究的目标群体实际上是由不同的亚群体组成的。以面包的

重量分布为例，面包师会设定一个目标重量，但不一定所有面包都是这个重量，有的面包会轻一些，有的会重一些。面包师很少会偏离目标，他制作的面包的重量很可能大致呈正态分布，但假如面包师的助手做了几个面包，他可能会低估了面包的面粉用量。商店里出售的面包既有面包师制作的，也有其助手制作的，面包的重量分布是面包师所制面包重量的分布和其助手所制面包重量的分布的结合。面包师的正态分布受到了其助手分布的"污染"，正态分布被扭曲了。

偏离正态分布的另一原因是选择法则作祟。例如，虽然从理论上看恒星的某些属性呈正态分布，但实际上我们无法探测到更远、更暗的恒星，因为从这些恒星传到地球的光线特别少。这会减少正态分布左侧的观察值，即较小的值。分布的形态因而会改变，变得不再对称了，因此就不算正态分布了。如前所述，在概率杠杆法则的作用下，数据的微小变化会对我们的概率估计产生巨大的影响。

突变、蝴蝶效应和宇宙的尽头

概率杠杆法则也与诸多其他现象有关，其中之一是突变。突变论（catastrophe theory）是说，当系统受到轻微的扰动时，若其状态仅发生微小的变化，则认为该系统处于稳定状态。然而，当条件稍有变化时，有些系统会突然发生巨大的变化，进入完全不同的状态。例如，在10–20摄氏度的范围内加热或冷却一杯水时，水温会相应发生变化，水的体积会轻微增加或减少。但如果扩大温度变化范围，比如当水温冷却至0度时，水的状态会发生巨大的变化：它结成了冰。温度在0度左右的微小变化会使水从液体转变为固体。突变论详细阐述了这类剧烈的变化以及它们在哪些情况下会出现。

另一个相关的现象是多米诺效应（domino effect），指的是对于本质上不稳定的系统，一个微小的初始变化会通过一系列的中间小事件引发巨大的变化。当然，这种效应是以多米诺骨牌命名的：推倒第一块骨牌后，第二块骨牌会被撞倒，接着第三块骨牌会被撞倒，以此类推。

我在前面提到过混沌理论和蝴蝶效应，当系统的初始状态不确定或者发生极微小的变化时，变化会对系统产生巨大的后续影响。著名的物理学家迈克尔·贝里（Michael Berry）曾经举过一个例子，他指出，宇宙中所有的物体都由引力联系在一起，因此，从理论上说，对一个物体的扰动会影响所有其他物体，尽管对于远处的物体来说，扰动的程度极其微小。贝里还设想了从宇宙边缘处（即1010光年之外）移走一个电子对地球上两个氧分子碰撞时的偏转角度产生的影响。

他的推理表明，分子之间经过大约56次碰撞后，偏转角度与之前的就完全不同了。想象一下氧分子在空气中弹跳时相互碰撞，撞到墙壁和其他物体的路径，我们就能推理出，移走宇宙边缘处的一个电子后，分子在经过不到60次碰撞后会出现完全不同的运动路径。

空气中的每个气体分子平均每隔约1/200亿秒就会与另一个分子碰撞，每个分子每秒大约会经历50亿次碰撞。这意味着，在移除宇宙边缘的电子仅仅1/1亿秒后，你呼吸的空气中的氧分子路径就发生了改变。

迈克尔·贝里的研究还表明，两名球手的重量足以让台球桌上的两个球经过9次碰撞后的偏转角度完全改变。球员在桌子周围的移动会导致球沿着特定的路径运动的概率发生巨大的变化，这是概率杠杆法则威力的体现。

要找寻的目标明确后，我们很容易找到概率杠杆法则发挥作用的例子，比如超感官知觉实验。

阿利斯特·哈迪的超感官知觉实验

阿利斯特·哈迪（Alister Hardy）、罗伯特·哈维（Robert Harvie）和亚瑟·科斯特勒在《机遇挑战》(*The Challenge of Chance*)一书中介绍了超感官知觉研究领域的一次大规模实验。在这次实验中，共有200个人坐在一个大厅里，其中有20位"接收者"，180位"发送者"，双方相隔开来。研究人员向发送者展示图片，发送者则集中精力把图片内容传递给接收者，最后由接收者在纸上勾画出他们自认为接收到的图片内容。书中展示了实验中使用的大量图片和画作。

这次实验设计得极其精妙。200名志愿者轮流扮演发送者和接收者的角色，每轮选择20人担任接收者，总共进行10轮。实验启动当晚完成了两轮实验，所有实验在7周里的7个晚上完成。实验时，20位接收者坐在隔间内，他们的正面和侧面都有隔板，共4行5列，就像教室里桌子的摆放一样。180名发送者坐在接收者的前面和两侧，他们能看到大厅一端的屏幕上显示的图纸和照片，但接收者看不到发送者和显示屏。

每轮实验开始时，阿利斯特·哈迪爵士都会向大家"说明流程，并强调在实验过程中，每个人都必须保持绝对的沉默，不能不由自主地发出任何轻微的声音，例如叹息、惊讶或轻笑声，因为这些声音可能透露出与图画或图片内容相关的信息"。

为防止接收者之间或接收者与任何其他人之间传递信息，试验期间，哈迪的助手们会巡视，就像监考老师一样。

每位接收者都有一张纸和一支笔，当提示他们屏幕上出现了图片的铃声响起时，他们就要绘制草图或用文字描述脑海里浮现出来的一切内容。屏幕上显示的图片是研究人员从图库中随机挑选出来的。

所有的科学研究都面临的一大难题是，你永远不可能百分之百地确认你观测到的结果是你认为的原因导致的，因为还有可能是其他原因导致的。为了解决这个问题，科学家们都使用了对照组，比如之前提到的药物试验。在药物试验中，两组患者的病情一样，其中一组服用被测试的药物，另一组服用安慰剂。由于两组仅有这一个方面不同，因此结果的任何差异都必定是由于一组服用了测试药物导致的。

哈迪也意识到了这个问题，他考虑过创建一个对照组（例如，向发送者显示空白屏幕，而不是图片），但他最终放弃了，因为这样做的难度太大了：光是组织200名志愿者在7个晚上参与实验就够忙活的了，更不用说让他们看着空白显示屏再重复一次实验了。不过他采用了一种被称为"置换检验"的更为复杂的统计方法，即把目标图像与其他试验反应随机配对，由于在这种情况下出现任何匹配都不是直接由超感官知觉引起的，所以研究人员能够由此确定纯粹由偶发性因素导致的匹配的比例。

显然，研究人员在实验设计和为防止结果受其他因素干扰方面投入了大量的精力。然而，通过前文我们已经知道，即使分布的微小变化也可能对事件发生的概率产生巨大的影响，而稍微一点干扰就可能使分布产生微小的变化。

乍一看，哈迪的实验结果振奋人心：图像和描述匹配的比例要比随机配对的比例高。但仅凭匹配比例高不足以得出令人信服的结论，我们要提出一个更深层次的问题：这种差异的出现是否只是巧合？当我抛一枚硬币10次，正面朝上6次时，你很难相信我有让硬币正面朝上的超能力，你更可能把正面朝上的次数多归因于巧合。为了确认哈迪及其同事观察到的差异是否纯属偶然，统计学家佩西·迪亚科尼斯（Persi Diaconis）和弗雷德里克·莫斯特勒（Frederick Mosteller）做了一项统计测试。他们最终得出的结论是："哈迪的实验没有提供超感官知觉或隐藏的同步能力存在的可靠证据。"

哈迪及其同事在实验中安排了巡视员，这让我想起了"聪明的汉斯"，这匹马似乎会做算术题，还会报时。当有人问汉斯简单的问题时，比如说"四减二等于几"，或者相当详细的问题，比如"若一个月的第八天是星期二，那么下一个星期五是几号"，它就会用蹄子敲击出正确的次数。即使驯马师不在场，它也能给出正确的答案。

但心理学家奥斯卡·普芬斯特（Oskar Pfungst）经过深入调查后发现，只有当提问的人知道答案是什么时，汉斯才能做出正确的回答，此时它回答的正确率是89%。但是，当提问者不知道答案时，聪明的汉斯回答正确的概率就只有6%了。调查结果表明，这匹马是根据提问者潜意识下给出的暗示做出反应的。连一匹马都能做到这一点，哈迪的接收者会对巡视员潜意识下给出的暗示做出反应吗？别忘了，背景概率的微小变化就会对结果概率产生巨大的影响。

反馈环节使问题变得更加复杂了。哈迪解释说："只要（接收者）完成了绘图或书面描述，监督员就会收走他们的纸，并为下一轮实验发放带编号的新纸。收完一轮实验的所有纸张后，我会让隔间里的实验参与者站起来看目标图像或幻灯片，看看他们能从中获得什么。"

通常情况下，提供反馈是个好主意。即使没有明说提高技能的具体方法，简单的"好/坏"反馈也可能引导人们逐步提高技能。事实上，许多实用技能都是通过这种方式获得的。但在哈迪的实验中，情况因反馈变得复杂了。这可能会让接收者在下一轮试验中按同一思路行事，从而出现更多雷同的结果。实验组的三重和四重匹配比对照组的更多就是这个原因导致的。也就是说，不是发送者和接收者之间的匹配，而是不同接收者之间的匹配，即他们的描绘相似。

哈迪也注意到了这个问题。他发现"距离近"的接收者经常描画出"非常相似"的图案，尽管这些图案与屏幕上显示的图片相去甚远（他还注意到了这一事实："距离近"并不一定意味着接收者的位置紧挨着——他们之间往往隔着一条通道，因此可以排除共谋的嫌疑）。他说："就好像两三个距离近的接收者具有相同的思维一样。"

上面这段话应该给你敲响了警钟。哈迪检验了最初的假设前提，但之后他就开始寻找其他有趣的匹配了，这让选择法则、查看别处效应以及巨数法则有了用武之地。之所以说选择法则发挥了作用，是因为他在查看数据时发现了异常，他说："嘿，看，这种模式很反常！"他先发现模式，然后再引起人们的关注（就像往谷仓墙上射箭的农民所做的一样），而不是先确定要找什么，然后再去找寻证据。之所以说查看别处效应发挥了作用，是因为他没有找到他想要的模式，之后他转而寻找其他模式了。之所以说巨数法则发挥了作用，仅仅是因为结果中出现了大量的模式，数量够得上巨数了。事实上，情况要比我们预想的更糟糕：非概率原理的另一个组成部分，即够近法则，也发挥作用了，我们将在下一章中讨论它。

设计令人信服的实验特别困难,在这种情况下,哈迪为控制各种可能的影响因素绞尽了脑汁。其实验试图确认的是极其微小的效应——接收者的绘图和描述与发送者看到的图像相匹配的概率仅比巧合的稍大一点。问题在于,根据概率杠杆法则,基础概率极微小的变化可能对最终的结果产生巨大的影响。对接收者的未被察觉的微小影响很容易将目标比例转变为不大可能发生的事件——与超感官知觉毫无关联。

在概率杠杆法则的作用下,超感官知觉实验有可能得出错误的结论,不过这种错误至少是无害的,但在某些情况下,无知被这一定律放大后会酿成悲剧,正如下面的例子所示。

关联还是独立,结果大不同

1997年,年轻的律师萨利·克拉克(Sally Clark)刚刚11周大的孩子克里斯托弗(Christopher)在睡梦中去世,显然是死于婴儿猝死综合征(SIDS)。发生这样的事情令人痛心,即使家人竭尽全力地照顾孩子,这样的事情也有可能发生。一年后,萨利的第二个孩子哈里(Harry)在出生8周后也夭折了。

萨利遭到了逮捕,被控杀害了自己的孩子。1999年,法官判决她犯有谋杀罪,判处她无期徒刑。我在这里无意讨论该案疑点重重、法医证据不足或孩子死因不明的问题,我只想借助这个案例说明简单的错误假设如何导致人们错误地估算概率。

在这起案件中,错误的证据来自儿科医生罗伊·梅多爵士(Sir Roy Meadow)。尽管他不是一名专业的统计学家或概率学家,但他觉得自己有资格在克拉克女士的案件中以专家证人的身份就概率发表意见。他断言,在萨利·克拉克这样的家庭中,两名婴儿猝死的概率是1/7300万。

如此小的概率表明博雷尔定律是适用的:我们不应该看到这样的事件发生。

当这样的事件发生时，那说明必然另有原因——在本案中就是母亲杀死了孩子。

不幸的是，梅多计算出1/7300万这个概率值有一个非常重要的假设前提：婴儿死亡是独立事件；一个家庭出现一起婴儿死亡事件并不影响该家庭之后出现此类事件的概率。

平均来看，婴儿猝死综合征的发病率约为1/1300，梅多（正确地）使用了比它更小的数字，即1/8543，因为他考虑到了萨利·克拉克不抽烟、家境殷实而且年轻，这些因素都可以降低婴儿猝死综合征的发病率，但他没有考虑到克拉克的两个孩子都是男孩这一事实，这是一个增加发病率的重要因素。然后他做出了关键的假设：一个家庭再次发生此类死亡事件的概率与之前该家庭是否发生过此类死亡事件无关。

回顾一下我们在第三章讨论过的内容，如果两个事件是独立的，那么这两个事件都发生的概率等于它们各自概率的乘积，梅多正是这么计算的。假设婴儿死亡是独立事件，那么一个家庭内发生两起此类事件的概率是（1/8543）×（1/8543），大约为1/7300万，这就是他向法庭提交的数字，他称这样的事件百年一遇。

如前所述，对分布形态假设的微小改变可能极大地改变结果的概率。在这个例子中，或许我们不应该假设同一家庭中婴儿猝死综合征发病是独立的事件。事实上，这样的假设很不合理，因为有数据表明，当一个家庭内发生过这种病导致的婴儿死亡事件时，该家庭内发生第二起婴儿死亡事件的概率大约是第一起婴儿死亡事件的10倍。梅多估算的克拉克家两个孩子都死亡的概率是错误的。

为了得出可靠的结论，我们必须比较这两个孩子被谋杀的概率和他们都死于婴儿猝死综合征的概率。这需要我们对儿童凶杀案统计数据作出类似的计算。我们不在这里介绍计算细节，而是直接引用英国索尔福德大学雷·希尔教授（Professor Ray Hill）的计算结果。他说："婴儿猝死综合征发病率是婴儿被谋杀概率的17倍，两起猝死综合征发病率是两个婴儿都被谋杀概率的9倍，三起猝死综合征发病率是三个婴儿都被谋杀概率的2倍。"这样的计算结果是以一个家庭内发生的多起婴儿猝死综合征发病事件不相互独立为假设前提的。梅多的估算与希尔教授的相差了10倍，正是假设前提的差异导致了婴儿猝死综合征发病率大于婴儿被谋杀的概率。

希尔教授补充说："如果克拉克案件的陪审团没有获知那个'百年一遇'的概率数字，而是被告知二次发生婴儿猝死综合征事件每年会出现四到五次，而且比同一个家庭内发生第二次婴儿谋杀案的概率更高的话，他们还会判被告有罪吗？"后来的证据还表明，克拉克第二个夭折的孩子的血液遭到了感染，这是导致其猝死的一大原因。

外界普遍质疑陪审团滥用和误解统计证据，萨利·克拉克的定罪最终被推翻，于2003年被无罪释放。

这一事件引发了广泛的关注，也为其他类似的上诉提供了依据，例如1998年被判入狱的唐娜·安东尼（Donna Anthony）和2002年被判谋杀了两名婴儿的安吉拉·坎宁斯（Angela Cannings）。在这两起案件中，罗伊·梅多爵士都提供了证据。后来这两名女性的定罪都被推翻，两人也均获释。

萨利·克拉克的结局很悲惨。她深陷于痛苦中未能自拔，2007年3月，她被发现死于急性酒精中毒。模型的微小变化可能对最终的概率产生很大的影响：这是概率杠杆法则威力的体现。

相同的概率，为什么是他不是我

概率杠杆法则可能是一个相当"阴险"的定律，它会在不知不觉中影响人们的生活。将普通人的概率应用于实际上并不普通的人身上就是一个例子，涉及的道理很简单，但在实际生活中极具迷惑性。

我们在第五章中讨论过人被闪电击中的风险。普通人在一年中遭雷击致死的概率约为1/30万，但这是一个平均值，有些人的概率比这高，有些人的则比这低。

很容易猜到哪类人的概率更高，显然不是城市上班族。

以沃尔特·萨默福德少校为例，1918年2月他在比利时法兰德斯被闪电击中后跌落马下，腰部以下暂时瘫痪。在这次可怕的经历之后，他搬到了加拿大，并在闲暇时开始钓鱼。1924年，当他正坐在一棵树下休息时，那棵树被闪电击中，他右半身瘫痪，后来逐渐康复。1930年，当他在公园散步时再次被闪电击中，这导致他全身瘫痪。两年后，他去世，但他死后也不得安生。1936年他的墓碑被闪电击中。显然，要是他一直待在家里做针线活的话，他就不会遇到那么多危险了。

萨默福德少校够倒霉了，但还有比他更倒霉的人呢！罗伊·沙利文（Roy Sullivan）是弗吉尼亚州的一名公园管理员，他被闪电击中过7次：1942年一次（失去了大脚趾甲）、1969年7月一次（失去了眉毛）、1970年7月一次（左肩灼伤）、1972年4月一次（头发被点燃）、1973年8月一次（头发被点燃，腿部灼伤）、1976年6月一次（脚踝受伤）和1977年6月一次（胸部和腹部灼伤）。这7次遭雷击都得到了谢南多亚国家公园（Shenandoah National Park）负责人R.泰勒·霍斯金斯（R. Taylor Hoskins）的证实，也得到了医生的证实。而且，沙利文声称，他小时候在家帮父亲收割庄稼时也遭过雷击。

如前所述，即使概率分布的微小变化也会对罕见事件的发生概率产生巨大的影响，遭雷击7次似乎是极为罕见的事情，但是，若你在雷雨天逛公园的话，你遭雷击的概率会很高。如果你是一名公园管理员，用普通人的概率来计算你被雷劈7次的概率可能会产生极具误导性的结果。概率杠杆法则在悄悄地发挥作用。

第八章

够近法则

> 我宁要模糊的正确，也不要精确的错误。
>
> ——约翰·梅纳德·凯恩斯（John Maynard Keynes）

够近法则是什么

"够近法则"是非概率原理的一个组成部分，其意是指，足够相似的事件可被视为完全相同。根据这一法则，相似的事物可被视为匹配，这可以增加潜在巧合的数量。

假设我想预测一颗百面骰子显示的点数（我确实有这样一颗骰子：它有100个面，基本上是个球体，各个面的点数为1……100），我预测正确的概率是1/100。但是，如果我猜测的点数与实际的点数很接近，比如说只比实际的数字高了一点或低了一点，我也会声称我做出了正确的预测，比如实际的点数是13点，而我猜测的是12点、13点或14点，也算我预测正确，这样的话，我预测正确的概率就不是1/100，而是3/100了。

如果你事先不知道一位朋友正在柏林旅行，当你在那里遇见他时，你会觉得太巧了。但是如果你的朋友去了柏林的另一个地方呢？如果他和你身在柏林的时间都只有一天呢？如果你的朋友没有去柏林，而是去了附近的一个小镇呢？或者，事实上你的朋友没有去德国，而是去了法国，他和你同一时间皆身在欧洲呢？这还算惊人的巧合吗？

放宽匹配标准后会发生什么

放宽匹配的标准可以提高巧合的概率，然后你会发现，看似极不可能的事件变得非常有可能发生了。

有了够近法则助阵，查看别处效应就更显威力了。我们可以先看看特定的匹配是否会在某处发生，然后放宽标准，看看匹配是否会在任何地方都发生，我们这就是在查看别处。例如，在物理学中，我们可以先观察某个值出现的次数是否过多（即数据凸块），如果没有观察到类似情况，我们就会扩大搜索范围，看看其他数值出现的次数是否过多。正如我们所看到的，"查看别处"的做法显然大大增加了我们找到数据凸块的概率。够近法则也能产生同样的效果，但它是通过扩大数据凸块的搜寻范围来实现的。如果我们最初对凸块的定义是比期望值多10倍，现在我们可以放松条件，把它定义为比预期值多5倍，这将大大增加我们发现凸块的概率。

我在第五章中提到过，有一天我接连收到了两封电子邮件，一封主题是"抓紧时间与穆尔（Muir）会面"，另一封的主题是"缪尔（Miur）审阅人名单"。够近法则导致我把穆尔和缪尔视为同一个人。在第三章的开头，我讲述了比尔·肖夫妇遭遇火车事故的情况，在发生于约克郡的火车撞车事故中，均有人丧生，但这夫妇二人都幸免于难。他们遭遇的不是同一次事故，他们遭遇的事故相隔了15年。毫无疑问，如果一次事故涉及比尔，而另一次事故涉及他的兄弟、姐妹、孩子或父母等人，两次事故相隔4年或20年，报纸也会争相报道。够近法则扩大了匹配之人的范围以及事故相隔的时间，这样巧合出现的概率就大大提高了。

我们在前几章中指出，在非概率原理的作用下，买彩票中奖实际上是不可避免的。够近法则提供了另一种解释。回想一下我们在第五章中提及的弗吉尼亚·派克的例子，她买入的两张彩票都中了奖，而且都是匹配了5个号码。"匹配5个号码"的概率要比"匹配6个号码"的概率高得多。如果我们放松了"中大奖"的标准，把匹配5个号码也视为"中大奖"（就像有些报纸所做的那样），那么派克女士就是中大奖者，这是就近法则效力的体现。第五章中提到的迈克·麦克德莫特也是如此，他在一年内两中英国国家彩票二等奖，都是匹配了5个号码（一共6个号码）和一个特别号码。

我们也可以对第五章讨论过的生日问题进行相同的分析。虽然你我同一天生日可能是令人惊讶的巧合，但你我同一周生日就没那么令人惊讶了。事实上，若充分放宽了"够近"的标准，我们的生日肯定会挨得很近（我的生日在1月1日至12月31日之间，你的也是！）。

在第五章中，我们还讨论过在《圣经》中发现被隐藏的秘密信息问题，即所谓的"圣经密码"。在《圣经》的许多地方，我们都可以搜索到特定的字母组合。此外，正如我们所看到的，在这些地方不仅可以搜索到连续的字母序列，还可以搜索到以其他方式形成的字母组合，比如每隔几个字母取一个字母会形成特定的单词，或者在两个维度上按一定的规律选择字母可形成特定的组合等。将搜索的范围扩大，标准放宽后，我们发现匹配字母组合的概率会大大提高。我曾经举过几个例子（到现在我还没有找到藏在本书里的那位呼救者），但类似的例子还有很多。放宽字母组合的标准后，找到它们的概率会更高。我之前举的例子是寻找"help"这个词，但现在我认为，找到了"hlpe"或"hepl"就算找到了"help"，也就是说，如果我认为这三个字母组合是一样的，那么我找到这些字母组合的概率会提高。"向别处看"可增加你搜寻的地方的数量，而够近法则可增加你搜寻的对象的数量。

看清真相的超心理实验

够近法则在伪科学领域也发挥着作用。我们在第二章中讨论过卡尔·荣格的共时性原理。在《共时性》一书里,荣格讲了下面这则故事:

> 我的一位年轻女性患者在治疗的关键时刻做了一个梦,在梦中她得到了一只金色圣甲虫。当她向我讲述这个梦时,我正背对着窗户坐着,而窗户是关着的。突然,我听到身后有声音传来,像是轻轻敲击窗户的声音。我回头一看,一只飞虫正在外面用翅膀敲打着窗户。我打开窗户,抓住了这只飞虫。它是一只普通的玫瑰金龟子。在我们居住的地区,这是与金色圣甲虫外形最相似的金龟子了。显然,这只金龟子在这个特殊的时刻产生了进入昏暗房间内的冲动,因而做出了反常的举动。我必须承认,在此之前或之后,我都未遇到过类似的情形,这位患者讲述其梦境时所发生的一切成了我独一无二的经历。

我不知道你的情况如何,但我经常听到昆虫振翅拍打窗户的声音。我一直认为,出现这样的现象只是因为,昆虫没有进化到能识别出玻璃片等透明物体的程度,它们认为空间里无阻隔,因此才照常振翅飞行。但昆虫拍打窗户玻璃确实很烦人,我经常看到这样的事情发生,就跟荣格一样。在荣格的例子中,他似乎没有考虑到金龟子是一种常见的甲虫[未能发现基线概率的错误被称为基础概率谬误(the base rate fallacy)]。荣格确实承认金龟子只是与金色圣甲虫很相似,"在我们居住的地区,这是与金色圣甲虫外形最相似的金龟子了"。也就是说,金龟子并不是金色圣甲虫,但如果它是另一种甲虫呢?或者它根本就不是甲虫呢?他准备把标准放宽到什么程度呢?如何确定是否够近呢?

阿利斯特·哈迪爵士认识到,在他的超感官知觉实验中,确定接收者绘制的草图是否与展示的图片相匹配很难。研究人员不可避免地要判定两张图是否匹配。标准定得过松时，实验就会得出很多被试都拥有超能力的结论；标准定得过严时，具有超能力的人会被遗漏。哈迪这样描述一些图画："很容易认为74号图片中宫殿外岗亭里的小卫兵与被试画的玩具士兵具有某种关联；61号图片中的山脉和道路与被试绘制的金字塔有关联；125号图片中的火车站与被试所画的诺亚方舟有关联，因为它们几乎一样，只是火车站月台的末端向下倾斜，而方舟船体的末端向上倾斜。"从这段话中可以清楚地看出，够近法则发挥作用的空间足够大，这能显著增加匹配的概率，就跟我们把小孩子画的猫误认为是狗一样。

亚瑟·科斯特勒描述了其他超心理学实验，这些实验也为够近法则提供了用武之地：

> 1934年，时任英国伦敦大学学院数学讲师的索尔（S. G. Soal）博士在阅读了有关莱茵实验的文章后试图重做这些实验。在1934年至1939年间，他招募了160位被试，使用齐纳卡片（Zener cards）[①]让他们做出了128350次猜测。结果与预期的概率值没有显著的差别。

亚瑟·科斯特勒接着说：

> 就在索尔打算放弃时，研究员沃特利·卡林顿（Whatly Carington）建议他核验一下实验报告，看是否存在"错位的"猜测，也就是说，虽然被试没有猜中目标卡片的内容，但猜中了目标卡前一张或后一张卡片的内容（卡林顿做过图形心灵感应传输试验，他注意到有一些被试出现

[①] 齐纳卡片是J.B.莱茵的同事卡尔·齐纳（Karl Zener）于20世纪30年代专门为超感官知觉实验设计的。一副卡片共有5组，每组包括5张不同的卡片，每张卡片上都印有五种图案中的一种（空心圆、十字架、三纵波状线、空心正方形和空心五角星）。

了这样的错位现象)。索尔不情愿地开始了烦琐的工作,在分析了大量的实验数据后,他发现被试巴兹尔·沙克尔顿(Basil Shackleton)的数据很亮眼,这位被试持续猜中了目标卡片下一张的内容,猜中的概率如此之高,以至于难以用巧合解释。

我们可以沿用这一方法,把搜索范围扩大到目标卡片的前后两张或三张卡片,我们也可以寻找目标图案是圆形而被试在齐纳卡片上绘制出的是十字形的例子等,所有这些都扩展了匹配的含义,在够近法则的作用下,我们最终必定会"发现"一个得分高的被试。

顺便提一句,路易莎·莱茵(Louisa Rhine)指出,索尔未能复制莱茵实验结果的一个原因可能是,他的被试情感投入不足,他们是看到广告后来参加实验的。不过事实可能正好与此相反,一个看到广告后就来应征,愿意花时间参与这种相当枯燥的实验的人,一定有很强烈的参与愿望。与此形成鲜明对比的是,那些本科生很可能才是被迫参与实验的!

似乎是觉得够近法则的效力还不够,巨数法则和选择法则也来凑热闹了。索尔的一名被试的预测持续与目标卡片的下一张相匹配,不过他总共有160名被试,在这么多的人中碰巧有人持续地预测到了下一张卡片的内容也不算什么稀罕事,这是巨数法则在起作用。回想一下10万人掷骰子的例子,160确实跟10万相去甚远,但索尔寻求的结果也不像连续6次掷出相同的骰子点数那么极端。接下来该选择法则上场一显身手了:索尔选择了产生极端结果的那位被试,而且大家的注意力都集中到了他身上,所有表现差的被试都被忽略了,就像10万人投掷骰子的例子中,没有掷出相同点数的人都默默地离开了大厅一样。

在这一实验结果的鼓舞下,索尔与沙克尔顿完成了更多的试验,而且这些实验是在20多名杰出的观察家眼皮子底下完成的，结果似乎具有统计显著性[1]，也就是说，若没有预感、心灵感应或其他一些超心理学的解释，完全不可能碰巧获得这样的结果。实验结果似乎很明确：索尔的推断是成立的。

但得出最终的结论为时尚早，因为索尔的实验结果极具争议性，而且他无法在以后的实验中得到相同的结果，一些超心理学专家在使用更复杂的统计分析后得出结论说，索尔的实验数据被人为操纵过，一些数据被重复利用，而且还被插入了其他的数据。

著名的超心理学家J.B.莱茵自己也曾被够近法则蒙骗过。亚瑟·科斯特勒写道："许多研究人员，包括莱茵自己，都无奈地承认，若之前没有看到过待猜测的目标卡片，一些表现优异的被试猜中的概率与预期的几乎没有差别。"莱茵口中的"表现优异的被试"指的是那些善于"看穿他人心思"的被试，当他们被要求说出未拆封的连续卡片上的内容时，他们的表现也更出色，猜中率更高。如果猜中卡片内容和会读心术被视为超能力存在的证明，那么这样的"主体"似乎更有可能拥有超能力。科斯特勒继续写道："这种现象被称为'神视'（clairvoyance），指的是'对客观事件的超感官认知，区别于对他人心理状态的心灵感应认知'。"我喜欢这个例子，因为它说明了当结果与预期不符时，人们自圆其说的能力有多强。

数字命理学的巧合

数字命理学是另一个够近法则大显神通的领域。数字命理学的一大表现是，运用不同的公式可得出相同的数字，这样的巧合导致人们认为事件发生一定另有原因。如第五章所述，在巨数法则的作用下，这样的数字巧合出现几乎是不可避免的：只要搜寻的时间足够长，即使是随机产生的数字序列，其中也会包含你想

---

[1] 有关"统计显著性"概念的解释详见第十一章。

找到的任何子序列。

下面这个例子就说明了够近法则是如何误导我们的。我们在学校里都学过毕达哥拉斯定理，也就是勾股定理，即三个正整数的集合$\{a, b, c\}$，其元素满足$a^2 + b^2 = c^2$的关系，例如，三元集$\{3, 4, 5\}$满足$3^2 + 4^2 = 5^2$，三元集$\{5, 12, 13\}$满足$5^2 + 12^2 = 13^2$[①]。然而，数学中还有一个非常著名的定理，即费马大定理（Fermat's last theorem），它说的是，当整数$n > 2$时，没有三个正整数能满足$a^n + b^n = c^n$，也就是说，不存在满足$a^3 + b^3 = c^3$的三元正整数集合$\{a, b, c\}$。

这个定理之所以有这么一个奇特的名字，是因为数学家皮埃尔·德·费马（Pierre de Fermat）在1637年阅读古希腊著作《算术》（Arithmetica）时，在该书的空白处写道，他能证明这个定理，但由于空间狭小，他无法写出完整的证明过程。简单的表述，再加上费马的含蓄挑战，导致三个多世纪以来几代数学家迫切地想证明这一定理，但均未成功。一直到1995年，数学家安德鲁·怀尔斯（Andrew Wiles）才完成了最后的步骤，最终证明了这一定理。

但是倘若这一定理成立，你如何理解$89222^3 + 49125^3$和93933^3都等于828809229597×10^3呢？这似乎表明三元集$\{89222, 49125, 93933\}$满足$89222^3 + 49125^3 = 93933^3$，这有违费马大定理。

答案是$89222^3 + 49125^3$和93933^3实际上只是约等于828809229597×10^3。$89222^3 + 49125^3$的精确值是$828809229597.173 \times 10^3$，$93933^3$的精确值是$828809229597.237 \times 10^3$，虽然这么大的两个数字仅相差64，已经足够接近了，但它们并不完全相等，这也意味着安德鲁·怀尔斯可以松一口气了。[②]

放宽"够近"的标准后，我们可以找到许多匹配该定理的三元集，但这只是一种错觉，因为这些集合与该定理并不完全匹配。

---

① 也可以把它们视为直角三角形三个边的长度。毕达哥拉斯定理告诉我们，直角三角形两条直角边长的平方和等于斜边长的平方。由于$3^2 + 4^2 = 5^2$，因此三个边的长度分别为3、4、5的三角形是直角三角形。
② 感谢迈克·克劳（Mike Crowe）提供了这个例子。

不同的领域内有很多近似数字，其中的一些相当玄妙，比如拉马努金常数（Ramanujan's constant），其表达式为$e^{\pi\sqrt{163}}$，即：

$e^{\pi\sqrt{163}}$ = 262537412640768743.9999999999992500……

假如"只保留"12位小数的话，我们很容易得出结论：

它与262537412640768744相等

这显然是惊人的巧合，但这么做是错误的。①

通过这些例子，我们了解了够近法则如何影响数字之间的关系。在其他情况下，匹配源于实物的属性，其中的一个范例来自金字塔学领域。1846年至1888年担任苏格兰皇家天文学家的查尔斯·皮亚齐·斯迈思（Charles Piazzi Smyth）在《大金字塔揭秘》（The Great Pyramid: Its Secrets and Mysteries Revealed）一书中描述了吉萨大金字塔各方面的数据与天文测量值之间的关系。例如，他声称，若以英寸（1英寸等于2.54厘米）为单位衡量的话，吉萨金字塔的周长等于一千年的总天数。做足够多的测量，把得到的测量值与足够多的天文数据进行比较，就能找到巨数法则和"查看别处效应"的用武之地，再加上够近法则助阵，一些巧合就必然出现了。

不幸的是，1880年威廉·马修·弗林德斯-皮特里（William Matthew Flinders-Petrie）对金字塔做了更精确的测量，他得到的数据要小于斯迈思的（皮特里称自己的测量结果是"扼杀了美丽理论的丑陋小事实"）。斯迈思曾经对耶稣基督再度降临人间的日期做出过预测，不过与其他人做出的预测一样，他的预测也被证明是不准的。

---

① 再举三个类似的例子：
e^π = 19.9991……，与整数20足够接近；
sin（2017×21/5）= -0.9999999999999999785……，与-1非常接近；
π^9/e^8 = 9.9998……与10非常接近。

看似巧合却不是巧合

在结束本章的内容之前，我要承认这一点：有些看似巧合的事件，实际上它们的发生另有原因，"怪兽群"和数字196883就是这样的例子。另一个例子是美洲东海岸与欧洲和非洲西海岸的轮廓相吻合，就像拼图一样，这可不仅仅是巧合。事实是，两块大陆曾经是连在一起的，但地幔岩浆对流导致了它们的分离，随着熔岩涌入大西洋中部形成新的海床，它们也被分隔开来。

最后，让我们暂且把数学和物理学放一边，把目光转向古典文学。查尔斯·狄更斯在小说《老古玩店》(*The Old Curiosity Shop*) 中描述了基特的母亲和芭芭拉的母亲初次见面时的对话：

> "我们都是寡妇！缘分呐！"芭芭拉的母亲说……追本溯源，她们自然而然地聊到了各自已故的丈夫，把生前事迹、死因和葬礼一一做了比较，从彼此那里得到了精确的信息。例如，芭芭拉的父亲比基特的父亲大整整四岁零十个月，一个在周三去世，一个在周四去世。他们俩都心地善良，也都长得一表人才。他们还存在其他一些惊人的巧合。

这是体现够近法则效力的完美范例。

第九章

人类心智

不信则看不到。

——马歇尔·麦克卢汉（Marshall McLuhan）

我们在前面几章中讨论了非概率原理的各个组成部分及它们的表现形式，包括必然法则、巨数法则、选择法则、概率杠杆法则和够近法则等。有一点很明确：非概率原理的很多组成部分之所以有用武之地，是因为我们无法正确地了解大自然的运作方式，这也是由我们的思维特质决定的。现在，我们来探讨非概率原理中的人性因素。

对概率的直觉误判

首先要提醒大家注意的一点是，我们对概率的直觉把握不太好。比如，我们在日常生活中很难做到随机行事。当你要求其他人写出一组随机数字时，你会发现，他们写出的数字通常同质性过高（例如避免连续出现重复的数字）。概率和机会通常是有违直觉的，事实上，即使是专业的统计学家也会被它们蒙骗，除非他们能静下心来仔细计算一番。

考虑下面这种情形：

> 约翰获得了数学学位后继续深造，最终获得了天体物理学博士学位。毕业后，他先是在一所大学的物理系工作了一段时间，然后跳槽到了一家算法交易公司工作，开发用于预测金融市场走势的复杂统计模型。业余时间他会去参加科幻小说大会。

你认为以下哪一项的概率更高？

A．约翰已婚，育有两个孩子。

B．约翰已婚，育有两个孩子，晚上喜欢解数学谜题和玩电脑游戏。

许多人会回答B。事实上，符合B所述特征的人是符合A所述特征的人的子集：就约翰而言，如果他符合B所述的特征，那么他也肯定符合A所述的特征。因此，约翰符合B所述特征的概率不可能大于他符合A所述特征的概率。

导致人们做出非理性选择的一大原因是，B的描述很契合人们对约翰的刻板印象：根据对约翰的描述判断，解数字谜题和玩电脑游戏看起来像是他做的事情。下面我们考虑另一种情形，其逻辑结构与上面的情形完全相同，但对约翰的描述截然不同。

> 约翰是男性。

现在，你认为以下哪一项的概率更高？

A．约翰已婚，育有两个孩子。

B．约翰已婚，育有两个孩子，晚上喜欢解数学谜题和玩电脑游戏。

显然，约翰符合B所述特征的概率必定小于他符合A所述特征的概率。

这种直觉误判的现象通常被称为合取谬误（conjunction fallacy），其影响可能比上面的例子所示的还要明显。有时候人们觉得，两个独立事件一起发生的概率要大于它们各自发生的概率，比如"在下雨天买彩票中奖"的概率要大于"买彩票中奖"的概率。

对合取谬误的另一种解释是,有时人们会倒置概率。当他们获悉对约翰的描述并被要求回答约翰更符合A或B哪一个特征时,他们会进行逆向推理,也就是说,他们会先考虑A或B所述的特征,然后再推算约翰与描述相符的概率。

这种错误很常见,类似的混淆被称为检察官谬误(the prosecutor's fallacy)或条件概率倒置法则(the law of the transposed conditional)。在审判案件时,检察官可能会告知陪审团,若被告是无辜的,他的指纹就不大可能出现在犯罪现场。既然在现场发现了他的指纹,那他就不是无辜的。

但这样的推断是错误的。我们真正想知道的是,在现场出现被告指纹的前提下他无辜的概率,而不是在他无辜的前提下现场出现他指纹的概率,这是非常不同的两个概率。

再举一个极端的例子,从中我们能看出本末倒置产生的影响。照目前的情形来看,蓝筹股公司的CEO中,男性远多于女性。如果你担任CEO一职,那么你是男性的概率要远高于1/2。但这与你既是男性又是CEO的概率非常不同,后者的概率远低于1/2,因为担任CEO的人本来就不多(男性女性都是如此)。

我们以假设的数字来解释审判的例子。

表9.1显示了案发现场是否存在无辜者和罪犯的指纹的各种可能情形。假设有9个人是无辜的,他们的指纹都出现在了案发现场(如表9.1所示),1个人是罪犯,其指纹也出现在了案发现场,还有大约70亿人(地球上的其他人)是无辜的,在现场找不到他们的指纹。由于罪犯只有一个,所以不存在犯了罪但没在现场留下指纹的情形——表格右下方显示的概率为0。

表9.1 案发现场是否出现指纹与审判结果

	无辜	有罪
有指纹	9人	1
无指纹	70亿	0

现在我们想知道的是被告在现场留有指纹但他无罪的概率。犯罪现场留有10个人的指纹，其中的9个人是无辜的，所以这个概率是9/10 = 0.9。

如果某人是无辜的，那么他的指纹出现在犯罪现场的概率是多少呢？无辜者共有70亿加9人，其中9人在现场留下了指纹，因此，如果一个人是无辜的，那么他在案发现场留有指纹的概率是9/（70亿+9），这是一个非常小的概率。

我们计算出的这两个概率值相差很大：一个接近1，另一个接近0。我们应该对第一个概率感兴趣：在现场留有指纹但无罪的概率，为0.9，这是个很大的值。如果我们错误地选择了第二个概率（就像上面的例子中所示的那位检察官），即人无辜但其指纹出现在了案发现场的概率，我们就会选择了那个极小的概率。这样的话，我们就无法认定他是无辜的，而是会判定他有罪，最终造成冤假错案！

检察官谬误还有其他不同的版本，它们差别不大，本质相同。

另一种常见的对概率的直觉误判叫做基础概率谬误，当人们没有考虑背景概率时就会出现这样的误判，例如他们不认可罕见疾病的发病率非常低这一事实。

举一个例子说明这种情形。

想象一下，我们开发出了一种检测信用卡欺诈的仪器，它能正确判定99%的合法交易和99%的欺诈交易，听起来很不错吧！

不知道基础概率谬误的信用卡经理可能会根据这台仪器的判定结果采取行动。当它判定交易存在欺诈时，经理就会锁定该卡，阻止它接下来的任何交易行为。这样的操作看似合情合理，但我要告诉你这一事实：信用卡交易存在欺诈的概率大约为1/1000，这就是基础概率。由于合法交易的数量远远大于欺诈交易的数量，因此被仪器认定为欺诈的交易可能是合法交易。事实上，被仪器判定为欺诈的交易是合法交易的概率高达91%，这意味着，尽管仪器正确地判定了99%的欺诈交易和99%的合法交易，但它的10次警示中有9次是错误的。

信用卡的例子简单易懂，因为我们知道欺诈交易的基础概率大约为1/1000。但是，当我们不知道基础概率数据时，要察觉出这种谬误就变得非常困难了。不知道这一数据时，人们往往会依据自己的主观经验估计基础概率，特别是当他们有类似的经历且容易产生联想时，他们就会高估基础概率。

不幸的是，人类的联想很容易产生各类扭曲。诺贝尔奖获得者丹尼尔·卡尼曼是前景理论（prospect theory）（被定义为"非理性人类行为的理性论"）的创立者之一，他对这一点做过精彩的阐述。他让志愿者推断，若从英文文本中随机选出一个单词，这个单词的第一个字母为k的概率高还是第三个字母为k的概率高。选择前者的居多。但事实上，在任何普通的英语文本中，第三个字母为k的单词大约是第一个字母为k的单词的两倍，人们只是很难想到第三个字母为k的单词。

一般来说，对于容易联想到相关例子的事件，我们往往会高估其发生的概率。卡尼曼把这种现象称为可得性启发（availability heuristic）。不幸的是，能否联想到相关的例子极易受到外部因素的影响，比如媒体的头版报道。事实上，尽管犯罪率在下降，但公众的焦虑感却与日俱增，其中媒体的报道可能起了推波助澜的作用。

即使你确信自己经历的事件颇具代表性——从理论上看你可以准确地估计此类事件发生的概率。但现实要复杂得多，毕竟记忆不像一张白纸或一台电脑，能忠实地记录下我们日常生活中的点点滴滴。相反，记忆是一个动态的处理系统，它会审视、评估、筛选、组合、重组、强化和选择我们经历过的往事。离奇的经历会造就难以磨灭的记忆。我们更容易回忆起最近的经历。

心理学家鲁玛·福尔克（Ruma Falk）证明，巧合带给人的惊讶程度取决于它出现的背景，这也证明了概率评估的可塑性。增加一些哪怕是无关紧要的细节描述也会使巧合变得更令人惊讶。此外，发生在自己身上的巧合往往比发生在其他人身上的更令人惊讶——不过这有可能是下意识地察觉到了巨数法则效应导致的："这种事可能会发生在其他很多人身上，但我只有一个，所以发生在其他人身上不会太令人惊讶。"

预测、模式和偏见

记忆的可塑性与我在第二章中提到的证实性偏差有关，这是一种潜意识倾向，在其影响下，人们会注意到支持他们信念（或科学假设）的证据，而忽视了相反的证据。如下面这个例子所示：

> 我有一套生成数字序列的规则，但我没有明说规则是什么，我只是告诉你最前面的三个数字依次是2,4和6，你说出接下来的三个数字，我会告诉你它们是否正确。重复这一过程，直到最终你确信这套规则是什么。

在这个例子中，你倾向于说出支持你假设的三个数字。因此，当你认为我的规则是"生成偶数"时，你会认为接下来的三个数字分别是8,10和12。当我说这些数字正确时，你会认为接下来的三个数字分别是14,16和18。当我再次告知你这些数字正确时，你可能会觉得我的规则是后一个数字比前一个数字大2。

当然，这样的数列符合我的规则要求，但事实上我的规则不是这样的。我的规则是：任何递增的整数集。在这个例子中，人们往往会寻找符合他们内心假设的三元数字集，而不是用不相符的其他数字序列来反证假设。

有趣的是，理想的科学观是，科学家们先提出一个假设，然后通过实验尝试推翻它，经过此类测试越多的假设越有可能为真。但是，由于通过测试的成功假设可以让科学家扬名立万，他们自然不愿意对自己提出的假设做太过苛刻的测试。幸运的是，科学领域竞争激烈，其他研究人员总是会想方设法测试你提出的假设并证明你是错的！

探寻数字序列2, 4, 6, 8, 10, 12……背后的规则这一例子与人类（实际上是动物）发现模式的心理需求和能力有关，我们之前曾多次提到过这一点。这是人类进化的自然结果——如果你能发现老虎靠近的迹象，或者能发现附近敌对部落的成员正悄悄地向你袭来，或者能识别出某种水果好吃的特征，那你就更有可能存活下来，而且将你的优秀基因遗传给下一代。但是，正如我们在讨论盲信主题时看到的，事件的模式也可能是偶然出现的，并没有任何不为人知的原因。认为两个事件相互关联（一个事件的发生与另一个事件的发生有关），但事实上并非如此，这种现象通常被称为错觉相关效应（illusory correlation effect）。此时就需要用到统计推断了。统计推断的目的是区分哪些模式的出现纯属偶然，哪些模式的出现有真正潜在的原因。

我们在第二章提及的热手效应就是这样的例子。这种信念听起来很合理，但细致的统计分析表明，它是一种谬论。在不改变球员能力或运气的前提下，我们可以解释他们连续投篮命中的原因，很简单，人们只是低估了"幸运球"出现的概率罢了。当你要求他人说出一组随机数字时，他们选出连续数字的概率很低，正因为如此，人们总是会低估彩票中奖号码中连续数字（如8, 9或23, 24）出现的概率。同样，当你要求人们随机写出由0和1组成的数列时（就跟抛硬币的结果一样，正面朝上记为1，反面朝上记为0），他们往往会避免走极端，也就是说，在他们列出的数列中，0和1所占的比例一样，比实际抛硬币的结果更接近于1/2。

另一个可能助长了热手效应的反直觉效应是，人们低估了两名技能水平相当的球员各自领先的时间比例，这种效应的影响可能非常显著。例如，假设抛一枚普通的硬币，在一整年的时间里每天24小时，每周7天，每秒抛一次，计算硬币正面朝上和反面朝上的比例。你可能会认为，大约在一半的时间里硬币正面朝上的比例更高，在另一半的时间里反面朝上的比例更高。毕竟，我们知道，到了年底时，正面朝上和反面朝上的比例都约为1/2。

但你错了。奇怪的是，在一年中的大部分时间里，要么正面朝上的比例高，要么反面朝上的比例高。此外，在一年的最后6个月内，正面朝上或反面朝上的比例会更高。因此，如果有许多人参加了这项实验，你会发现在后半年内，他们当中有一半人抛出的硬币正面朝上或反面朝上的次数更多。更糟糕的是，有计算表明，平均每10个人中就有一个人的最后一次领先更替（由正面朝上较多转为反面朝上较多，或从反面朝上较多转为正面朝上较多）发生在一年当中的前9天内。

为了揭穿热手效应的真相，康奈尔大学的托马斯·吉洛维奇（Thomas Gilovich）、斯坦福大学的罗伯特·瓦隆（Robert Vallone）和阿莫斯·特沃斯基（Amos Tversky）合作完成了一项重要的研究。他们收集整理了篮球统计数据，分析了费城76人队（Philadelphia 76ers）和其他球队的投篮记录，还对康奈尔大学篮球运动员（既有男运动员，也有女运动员）做了对照实验。他们最终得出的结论是："没有证据表明连续投篮命中的结果之间存在正相关性。"他们认为，人们一直持有热手效应部分是因为，"连续投篮命中（或未命中）更令人难忘，观察者可能高估了连续投篮命中之间的相关性"。

其他研究也得出了类似的结论。例如，克里斯蒂安·奥尔布赖特（Christian Albright）在分析棒球统计数据后指出："一些球员在某些赛季里表现低迷或出色（即连续得分或丢分）。"但我们必须记住，在联赛统计表中，必定有人排名靠前，也必定有人排名垫底。观察大量球员的表现（奥尔布赖特分析了501名球员的数据）可知，他们中的一些人只是偶然地表现出了持续的低迷或出色。奥尔布赖特很清楚这一点，他补充说："表现出非随机行为的球员所占的比例与随机模型预测的比例很接近。"

热手效应是非常诱人的，因为人类有关注模式的自然倾向，比如关注持续的成功，这意味着放弃这种信念很难。由此导致的一个结果是，总有新的研究人员试图揭穿真相。这是科学的本质，其他研究人员总是会测试和探索理论和解释，看它们是否经得起新数据的考验。吉洛维奇及其同事的研究结论就遭到了质疑，有人称，他们没有控制好所有相关因素。质疑者认为，体育运动或赌博与抛硬币的抽象模型不同，需要考虑许多因素才能进行公正的分析，例如运动员的心理状态、健康状况、轻伤等。另一个因素是连续出手的时间。如果热手效应随着时间的推移逐渐消失，那么考虑时间因素显然会改变分析结果。

另一种反驳吉洛维奇及其同事结论的观点是，他们收集的数据太少，没能验证真实存在但微弱的正相关性。这种观点貌似很有道理，但大于零却无限接近于零的相关性没什么意义。通常情况下，待验证的差异越小，需要运用的数据就越多。例如，我们只要抛几次硬币就能发现正面朝上的概率为0.9的硬币有问题（与0.5相差太大）。但如果硬币正面朝上的概率为0.501，我们就需要抛很多次才能确认它有没有被动过手脚了。需要多少数据实际上取决于拟探究的差异有多小，如果差异只有0.001，探究它的意义何在呢？

奥尔布赖特（Albright）认为棒球击球手连续得分与手感无关，吉姆·阿尔伯特（Jim Albert）不认同这一结论，他的评价凸显了说服具有热手效应的人是多么困难。他说："我认为，仅凭那些数据就得出棒球手的成绩与手感无关是错误的。我们应该认识到，手感和其他情境变量一样，是很微妙的特性数据……手感是特性数据，许多人都不了解它，也很难通过统计学方法验证。"

你无法反驳他的说法。所有的数据，尤其是与人有关的数据，都有其微妙之处。一般来说，我们应该预料到，许多微妙之处是难以察觉的。但是，阿尔伯特的话也留了些余地，他说："从数据来看，我的看法是错的，但在某些情境下，'手感'确实存在。"他说的可能是真的，但在我看来，这是超感官知觉和超心理学的信徒们在多次实验都未证明热手效应存在后做出的狡辩。

巧合也证明了人类有寻找事件模式的潜意识需求，我们在第二章讨论荣格的共时性原理时看到过一些例子，接下来我们再举一些例子，它们都出自荣格所著的《回忆、梦和反思》（Memories, Dreams, Reflections）一书。

第一个例子涉及荣格医生的一位前患者，他称这位患者已"摆脱了心理抑郁"。这位患者痊愈后与荣格"不看好"的一位女性结了婚。荣格认为，"这位患者妻子的态度给他带来了沉重的心理负担，令他心力交瘁"。不久后这位患者旧病复发，且不再与荣格联系。荣格接着写道：

就在那时候，我在某市举行了一次讲座。我回到旅馆时已时近午夜。我与几位朋友坐着聊了一小会儿，然后便上床睡觉去了，但不知怎的却久久不能入睡。大约就在两点钟时——那时我一定是刚刚睡着了——我突然心里一惊，醒了过来，而且感到有人走进了我的房间。我甚至还觉得门是被急急忙忙打开的。我立刻打开了灯，但却什么也没有发现。我想，可能是有人走错了门，于是我向走廊望了一眼，可那里也是一片死一般的寂静。"怪了，"我想，"确实有人进过房间里呀！"然后我仔细地回想了一下刚刚发生的一切，这时我才明白过来，我是在一阵子不那么剧烈的疼痛中醒来的，仿佛某种东西敲了一下我的前额，然后又敲了一下我的后脑勺一般。第二天，我接到了一个电报，说我的那位患者已经自杀身亡了，他是开枪自杀的。后来，我获悉，那颗子弹穿过前额后便留在了他后脑勺里，没有出来。

这次经历是真正的共时性现象，与原型情境（这一次是死亡）有联系。通过潜意识中的时空相关化，我感知到了实际上正在别处发生着的事情。

荣格说的没错，但他头疼可能是熬夜到凌晨两点导致的，他惊醒可能是因为隔壁房间有人摔门导致的。你可能想知道，他过去住旅店时是否有过半夜被惊醒的经历（我就经常这样），这与"原型情境"无关（至少对我而言是这样），而且不需要"通过潜意识中的时空相关化"进行解释。这次的经历让荣格震惊不已，但它完全可以用非概率原理进行解释。

第二个例子则显得更加离奇和违背自然规律。

一年之后，我又画了一幅曼陀罗的画，此画的中央处是一个金色的城堡。画完这幅画后，我问自己："这画怎么中国味这么浓呢？"构图和色彩具有浓郁的中国风格，但表面看起来不是中国画。不过我却觉得很有中国画的味道，这是我的真实感受。无独有偶，此后不久，我便收到了理查德·威尔海姆寄来的一封信，信中附有一篇论述道教炼丹术的文章草稿，标题也是"金花的秘密"，他还要求我就此写一篇评论性文章……

回想起这种巧合，这种共时性，我写下了……

考虑到荣格异乎寻常的兴趣，我敢肯定，他经常会收到附有奇特手稿的信件（或者被告知过很多奇闻异事——我们应该把范围扩大到什么程度才能使够近法则发挥效力呢？），而且，他也没有说明"此后不久"到底是多久。非概率原理告诉我们，这两个事件的"巧合"——荣格对自己画作的主观感受和他收到那封信件——一点都不出人意料。信中所附的那篇论文草稿甚至和金色城堡无关！若那篇论文是写红色城堡的，它就不会让荣格感到惊讶了。这里的关键在于，荣格的兴趣让选择法则有了用武之地：他只留意了他感兴趣的主题。

概率杠杆法则在许多类似的情境下都发挥了作用。我们可能看了有关某些人的报道，之后我们在电视上看到了他们，然后又在无意中听到同事提到了他们。一开始，我们可能会认为，屡次看到他们的名字纯属巧合，但后来推测，他们肯定是做了一些值得报道的事情。这意味着他们的名字出现在报纸上和被同事提及、他们本人出现在电视上的概率会比较高。这些事件的发生源于一个共同的因素，而且这一因素改变了事件发生概率的分布。这进一步说明了没有考虑事件之间的关联性会导致我们误判概率，萨利·克拉克的例子就是明证。

我们在第六章提到过类似的情形——初次碰到一个生词后很快又会看到它，这种经历并不稀奇，是选择法则导致了这种感觉的出现。我们也可以用非概率原理的其他组成部分解释这种现象，而且在这些部分的共同作用下，这种现象变得更加引人注目了。也许你的行为发生了变化——你可能正在阅读新素材，这个词在其中不少见,或者是一位你刚接触的作者喜欢使用这个词——概率杠杆法则发挥了效力。也许你以前看到过这个词,但它现在变得比较热门,你对它更加敏感了——选择法则再次显神威。或者也许世界已经改变,曾经罕见的这个词现在变得流行了:其含义扩展了,使用范围更广了(例如"推特"一词),或者新词(例如"谷歌")被创造出来了;或者词语跨越国家边界了——概率杠杆法则以另一种方式发挥了效力。

即将写完本书时,我也出现了这样的感觉。我对统计方法在天文学中的应用颇感兴趣,但我喜欢探究人类是如何被统计方法所误导的,我也一直在阅读与魔法有关的书籍。2012年10月6日,《泰晤士报》依惯例列出了当天出生的名人名单,其中就包括内维尔·马斯克林(Nevil Maskelyne),他在1765年至1811年间担任皇家天文学家。翻过几页后,我看到了一篇有关第二次世界大战的文章,讲述的是蒙哥马利(Montgomery)通过泄露错误的袭击地点信息蒙骗隆美尔(Rommel)的事件。蒙哥马利雇用油漆工和木匠将600辆坦克伪装成了毫无攻击力的卡车,而在其他地方放置了枪支和坦克的实物模型,最终使隆美尔中计。这项计划的执行人之一,也是这篇文章中明确提到的一个人名叫贾斯珀·马斯克林(Jasper Maskelyne),他是一位著名的魔术师,而且自称是内维尔·马斯克林的后裔。我想,这两个关系密切的人在同一天被完全不相关的报道所提及是多么巧的事情啊!但请注意,我之所以能注意到这一点,是因为我对天文学和魔法这两个领域都有浓厚的兴趣。你肯定想知道我错过了多少其他"巧合",还有多少与我兴趣点不同的人会在这期杂志上发现其他巧合,这是选择法则效力的体现。此外,两篇文章中提到的马斯克林并非同一个人,所以够近法则也发挥了作用。

十个导致概率错觉的原因

我在前一节中讨论了事件发生的模式,以及各种心理偏见如何导致我们更容易发现模式,例如我们倾向于低估随机数字序列中相同的数字出现的概率,我们还讨论了世界或者我们自身的变化如何使意外模式更有可能出现。

有时，**反馈机制**（feedback mechanisms）会进一步放大这种效应，即对事件或现象的反应会影响事件发生或现象出现的概率。这种机制在生物系统中很常见，例如捕食者和被捕食者循环（prey-predator cycle）。加拿大猞猁捕食雪兔，雪兔数量的增加意味着有更多的猞猁可以找到食物并生存下来。猞猁的数量越多，被捕食的野兔就越多，因此野兔的数量会下降。结果是，能找到食物的猞猁越来越少，它们的数量也随之减少。随着猞猁数量的减少，野兔的数量开始增加，如此循环往复，一年又一年。

经济波动也是如此。在不断上涨的股价诱惑下，更多的人涌入了股市，这促进了股价的进一步上涨，导致更多的人买入股票，进一步推高了股价。也就是说，直到有人怀疑股价已经见顶时，他们才会卖出股票，此时股价会稍有下跌。看到股价下跌，其他人纷纷抛售，这导致股价进一步下跌，以此类推。

我们在第二章中提到的**自我实现预言**，即相信某个事件会发生可能导致个人采取行动，进而使该事件更有可能发生，也是反馈机制的表现。还记得罗伯特·默顿提到的那名内心焦虑不已的学生吗？他总是认为自己通不过考试，把大量的时间花在了焦虑而不是学习上，结果真的考试不及格。乐观主义者总是期待好运会降临到他们头上，因此更有可能使自己置身于易发生好事的环境中。当然，相信自己天生就运气爆棚的人会想方设法地证明这一点。英国诺丁汉斯泰普尔福德的丽兹·丹尼尔（Liz Denial）获得了一台37英寸的液晶电视、一套家庭影院、两台Xbox游戏机、一次五星级肯尼亚旅游、16500英镑奖金和许多其他奖品。令人惊讶的是，她声称，在2012年10月至2013年6月期间，她每天都在获奖（当时报纸报道了她获奖的消息）。这也意味着她参加了大量的比赛。还记得我们在第四章中提到的彩票标语"只有买了彩票才能中奖"吗？这里也是同样的道理："买"足够多的比赛资格，剩下的就看巨数法则如何大显神威了。

同样地，乐观主义者相信，只要寻找的时间足够长，他们就一定能找到想要的任何东西。与悲观主义者相比，他们愿意花更长的时间去寻找，因此他们也更有可能找到想要的东西。

别忘了选择法则！想想那些与病魔战斗的人，他们会说："我战胜了它，因为我相信自己能够战胜它。"不过，那些相信自己能战胜病魔但最终离世的人永远没有机会发声了。

"只有买了彩票才能中奖"这句话明确划分了不可能（概率为0）和可能（概率大于0：事实上，买彩票中奖的概率略高于零）的界限。不幸的是，通常情况下我们很难估算极低的概率，我们往往会高估它们（估算的概率比实际的大），而低估极高的概率。人类心理对极小概率的这种扭曲被称为**可能性效应**（the possibility effect）。实际的概率可能是1/100万，但我们会夸大它。买彩票中头奖的概率是1/1400万，这个概率非常小，足以适用博雷尔定律了，但我们仍然会买彩票。同样，人们愿意花钱降低或消除概率极小的风险，举个极端的例子，你可以购买防范外星人绑架的保险，它还覆盖了因外星人绑架导致的任何医疗费用，得知这一点后你肯定会大松一口气。

可能性效应夸大了博雷尔定律的影响，由于该效应的存在，我们会错误地认为，不大可能发生的事件也不是那么不可能发生，我们甚至可能认为它们很有可能发生。但博雷尔定律告诉我们，如果一个事件发生的可能性非常小，那我们就不会看到它发生，这意味着，即使我们认为这样的事件很有可能发生，我们也不会看到它们发生。现实世界和我们对它的认知之间的差距被放大了。

低估几乎确定会发生的事件的概率被称为**确定性效应**（the certainty effect），它与另一种心理现象——**过度自信效应**（the overconfidence effect）形成了有趣的对比。当人们被要求预测某个事件是否会发生时，他们往往对自己的预测过于自信。事实上，事件发生的概率并不像人们预测的那么高。这反过来又与后见之明偏误（即认为在事后预测更容易）有关，我们稍后将讨论这个问题。

对概率的解释取决于我们**看问题的视角**，这增加了我们厘清所有偏误的难度。假如有两种医学测试方法，一种的准确率为95%，另一种为96%，你可能会认为这两种方法同样有效。但如果换个角度来看，比如说第一种的出错率为5%，第二种的为4%。差值为1%，相当于5%中的1/5。也就是说，第二种测试方法的误诊率比第一种方法低了1/5，明显可以看出，第二种测试方法比第一种好得多。

同样，当概率值很小时，它的两倍仍然是个很小的值。假设一家制药公司正在推广一种新药，它声称，每10万服用了此药的人中只有1人出现了不适症状，而竞争对手的药物副作用率为1/5万（相当于每10万服药的人中有2人出现了不适症状）。这种新药的副作用率只为竞争对手药物副作用率的一半，听起来很不错吧？确实不错，但两种竞争性药物的副作用率只相差1/10万！这是一个很小的数字。在生活中要防范很多风险，但这么小的风险可能不在你的关注范围之内。虽然不完全符合博雷尔定律的适用范围，但我们还是可以忽略掉它，也就是说，我们可以忽略二者风险率的差异。

一种更不易被人察觉的错误认知被称为**分母的忽略**（denominator neglect）。为了把概率要素从杂乱纷繁的现实世界中抽离出来，进而更好地研究它们，专业的概率书通常会以受约束的人为情境做例子。事实上，本书中多次提及的掷骰子和抛硬币就是这样的例子。同理，一些概率著述有时会以从罐子中取弹珠为例说明问题。假设有两个罐子：

1号罐子里有10颗弹珠，9颗为白色，1颗为红色。

2号罐子里有100颗弹珠，92颗为白色，8颗为红色。

被试知道哪个罐子里装有10颗弹珠，哪个罐子里装有100颗弹珠。

现在要求被试闭着双眼把手伸进其中的一个罐子里取出一颗弹珠。若取出的弹珠是红色的，被试就会得到奖励。我们的问题是，假如你是被试，你应该选择哪个罐子，是装有10颗的，还是装有100颗的？

稍加计算便可知，从1号罐子里取出红色弹珠的概率是10%，从2号罐子中取出红色弹珠的概率是8%，因此合理的选择应该是1号罐子。但在被试中，约有1/3

的人选择了2号罐子，可能是由于2号罐子里的弹珠数量较多，导致许多人（正确地）认为，这个罐子里不同颜色的弹珠混合更为均匀，但由此推断出从2号罐子里取出红色弹珠的概率更大是错误的。

我们在第三章中讨论过**大数定律**（与巨数法则不同），其意思是说，从总体中随机抽取一组数字，抽取的数字越多，其均值就越接近于总体的均值。有时我们会把适用于大样本的结论错误地用在小样本中，这种现象称为"**小数定律**"（law of small numbers）。

假设我们抛一枚硬币100次，大数定律告诉我们，正面朝上的比例不大可能显著偏离0.5。事实上，相关的计算表明，这一比例小于0.4或大于0.6的概率是0.035。而根据小数定律，若我们抛硬币5次，正面朝上的比例小于0.4或大于0.6的概率也应该会很小，但事实并非如此，计算表明，这个概率实际上是0.375，是抛100次硬币时的10倍多。

再举一个同一现象的不同例子。假设我们正在比较两种局部麻醉剂的效果。我们把一种麻醉剂用在了随机选定的4位患者身上，把另一种用在了随机选定的40位患者身上。为了评估麻醉剂的效果，我们用尖利的仪器刺入了患者的皮肤，然后让他们据实作出评价，评价有这三种：特别疼、轻微不适、几乎无感觉。

现在假设，就我们所选定的患者所属的总体而言，这两种麻醉剂具有同等的效力，都是有约30%的人给出了"非常疼"的评价。这意味着两组被试中有30%的人做出了这样的评价。注意，这里说的是平均值，但若第一组中的4名患者都给出了"特别疼"（事实上，概率为1/123）的评价，我们也不应该感到惊讶。

相比之下，如果第二组随机选出的40名患者都出现了"特别疼"的反应（事实上出现这种结果的概率是$1/8 \times 10^{20}$），我们会感到非常惊讶。小样本组的比例变化要比大样本组的更大，也更容易出现极端的比例。小数定律揭示的是，当样本量比较小时，我们往往会忽略掉其比例变化幅度大的事实。

我们在第六章中讨论过变化幅度的影响，在当时所举的例子中，尽管两个求职者小组的均分相同，但与分数波动幅度小的求职者小组相比，分数波动幅度更大的求职者小组更有可能出现高分。上面的例子也是如此，只不过其比例变化大是由于样本量小导致的：样本量小会导致样本均值的变化幅度更大。因此，两位医术相当的外科医生，做手术次数较少的外科医生的成功率波动幅度较大，既可能出现较高的成功率，也可能出现较低的成功率。从非概率原理的角度来看，这意味着使用少量的数据可能得到较罕见的平均值。

顺便提一下，"小数定律"也会被用来描述其他现象，比如符合泊松分布的数字现象。理查德·盖伊（Richard Guy）还曾提出强小数定律（strong law of small numbers），即"没有足够多的小数满足使它们成为小数的诸多要求"。他的意思是，小数太少了，它们会在许多地方导致明显的巧合。盖伊提出的问题是，当我们看到涉及小数的巧合时，它们的出现是纯属偶然，还是另有原因呢？解答这个问题的一种方法是把小数扩展为大数，若之前出现巧合纯属偶然，那么扩大范围后，巧合就不会出现了。这里有两个例子，第二个就源自盖伊：

例子1：我们注意到 $3^2 + 4^2 = 5^2$ 和 $3^3 + 4^3 + 5^3 = 6^3$，我们想知道类似的关系是否对3以后的连续整数都成立，比如说 $3^4 + 4^4 + 5^4 + 6^4 = 7^4$ 是否成立，还是说出现这样的关系纯属巧合？

例子2：写出一组正整数（如下面第一行所示），然后去掉偶数位置上的正整数（如下面第二行所示），将余下的正整数按序相加（如下面第三行所示，1 + 3 = 4，1 + 3 + 5 = 9，以此类推），就得到了一组平方数。

1	2	3	4	5	6	7	8	9	10	11
1		3		5		7		9		11
1		4		9		16		25		36

问题是，通过这样的方式得到平方数是数字本身的属性导致的，还是因示例中的数字较少，碰巧得到的。①

---

① 第一种猜测为假，第二种猜测为真。

盖伊论述了强小数定律导致的各种后果，包括"表面上的相似性导致虚假的陈述"和"反复无常的巧合导致肆意的猜测"。

事件和人类愿望之间的相互影响还有另一面，如果不提及它，我们的讨论就算不上完整。它不是非概率原理的组成部分，而是**墨菲定律**（Murphy's Law）。该定律指的是，"可能出错的事总会出错"，在讨论下一部分的内容之前，我们有必要先讨论讨论它。

墨菲定律是对宇宙反常行为的讽刺，不过还有比这措辞更为激烈的讽刺。魔术师内维尔·马斯克林（不是天文学家内维尔，而是前文提到的贾斯珀·马斯克林的父亲）写道："一切可能出错的事都会出错，无论我们是把这归因于物质的邪恶还是无生命体的全然堕落……"我更喜欢"无生命体的全然堕落"这种表述。

据说1949年埃德·墨菲船长（Captain Ed Murphy）在美国爱德华兹空军基地工作时，对他的某位运气不太好的同事随口开了句玩笑，墨菲定律由此得名，不过该定律揭示的思想可能与人类自身一样古老。你可以把它看作是巨数法则的一个特例，进而把它表述为"可能发生的事总会发生"，或者把它视为热力学第二定律的变体，即孤立系统中的总混乱度会增加。

墨菲定律还有一个更为极端的版本，有时被称为**索德定律**（Sod's law），即可能的最坏结果总会出现。当你着急赶路时，红灯亮了；当你准备发送重要的邮件时，邮箱打不开了。还有后果更严重的例子，比如贝多芬失聪、威豹乐队（Def Leppard）的瑞克·艾伦（Rick Allen）在车祸中失去了一只手臂。但是，只要没有忘记巨数法则，我们就应该预料到这类事件的发生，而且在选择法则的作用下，我们很容易想起它们。

事后诸葛

时光飞逝，未来终究会变成过去。未来像波诡云谲的大海，充满了各种可能，看似即将发生的事情转瞬间就可能被其他事情所取代。现在就像一股冰冷的风，吹过事件，使其凝固，永不变形，成为历史的一部分。

我们可以通过研究当前的发展进程来预测接下来会发生什么。但是，在未来成为过去之前，我们永远无法确定它是什么样子的，因为总是会有意外发生，我们的预测也总是有可能被推翻。但一旦未来变成了过去，那么我们就很容易回顾历史，看清通向未来的道路。这为后见之明偏误的出现埋下了伏笔。

当涉及一系列纷繁复杂的事件时，预测未来尤其困难。以"9·11"恐怖袭击事件为例，事后来看，该事件的发展脉络异常清晰，但在袭击发生之前，一切都是未知数，我们根本无法预测。

伦纳德·姆洛迪诺（Leonard Mlodinow）出版过一本相当精彩的书，即《醉汉的脚步》(*The Drunkard's Walk*)。他在这本书里描述了1941年珍珠港事件爆发之前的一系列迹象。事后来看，从这些迹象中很容易推断出日军的企图，包括：美军截获了一条日本情报，内容是要求情报人员发送有关战舰如何停靠港口的信息；日本人在一个月内两次更换了呼叫信号，此前每六个月才更换一次；日本政府指示外交官销毁涉及密码和机密的文件，等等。事后很容易把这些事件从众多的事件中抽离出来，恐怕只有傻子才不会发现其中的端倪。但在当时，这些迹象和其他众多的事件掺杂在一起，人们不可能把它们抽离出来，无法确认它们之间的联系，并在此基础上预测出即将来临的风暴。做事后诸葛亮很容易。

有许多例子表明，权威人士在预测时信心满满，但事后看来，他们的预测是完全错误的。以下是一些示例：

"除了热气球，我对其他飞行工具不抱任何信心。"（通常被解读为"比空气重的飞行器是不可能存在的"。）

——伦敦皇家学会主席开尔文勋爵（Lord Kelvin），1986年

"传染病将消失。"

——美国卫生部长威廉·H.斯图尔特（William H. Stewart），1969年

第九章 人类心智

> "谁想听演员说话呀？"
>
> ——华纳兄弟公司H.M.华纳（H.M.Warner），1927年

> "吉他乐队已经过时了。"
>
> ——拒绝了披头士乐队的德卡唱片公司（Decca Recording Co），1962年

> "iPhone不可能获得显著的市场份额。"
>
> ——史蒂文·巴尔默（Steve Ballmer），2007年

2008年11月，英国女王伊丽莎白二世在参观伦敦经济学院时提出了一个发人深省的问题：为什么没有人注意到信贷紧缩即将来临的迹象？英国国家学术院解释说，事实上，许多人已经预见到了这场危机，只是他们没有预见到，也不可能预见到危机会以何种形式爆发以及何时爆发。要这么说的话，我也可以说我预见到了危机即将来临，只不过我考虑得比较浅显：我注意到，几十年来信用卡消费信贷量呈指数级增长态势，我认为这样的增长不可能永远持续下去，但我不知道危机会在何时或以何种方式爆发。

历史学家E.H.卡尔（E. H. Carr）也曾反思过自己的后见之明和选择偏倚，他写道："多年前在大学学习古代史时，我曾经研究过'波斯战争时期的希腊状况'这个专题。我收集了15卷到20卷书，并理所当然地认为，这些书已经覆盖了我研究中需要掌握的所有学科事实。倘若（非常接近事实）这些书囊括了截至当时所有的历史资料，那么究竟是什么偶然的事情或筛选程序导致只有一小部分事实被载入了史册呢？我当时没有考虑过这个问题。"

在这一章中，我们探讨的内容从非概率原理导致的物理结果转向了心理结果，从宇宙运行的自然法则转向了人类对世界的认知。这两条线互相影响，进一步增强了非概率原理的效力，使它变得更具威力了。

第十章

生命、宇宙及万物

机会能给我们带来什么呢？

——威廉·佩利（William Paley）

生命与机遇

人类是极其复杂的有机体。每个人体内有大约10^{27}个分子，但是，即使把这些分子放在一个罐子里摇动，它们形成人体的概率都极其微小。根据博雷尔定律，概率极其微小的事件不会发生。

理查德·道金斯（Richard Dawkins）曾做过相关的计算，他针对的不是整个人体，而是人体的一小部分，即一种酶分子。他研究了这种酶分子"随机自然生成"的可能性。他说："形成这种酶分子所需的氨基酸的数量是确定的，为20种。典型的酶由这20种氨基酸的不同组合形成，一个酶分子通常含数百个氨基酸。初步的计算表明，100个氨基酸自然生成任何特定组合的概率是$1/(20×20×20×……×20)$，也就是$1/20^{100}$。20^{100}是一个极大的数字，远大于整个宇宙中基本粒子的数量……钱德拉·威克拉马辛哈教授（Chandra

Wickramasinghe）……引用弗雷德·霍伊尔爵士（Sir Fred Hoyle）的话说，典型的酶自发形成的概率就跟飓风吹过垃圾场后，垃圾自行组合成了一架波音747客机的概率一样大。"

弗雷德·霍伊尔形象的比喻可谓一针见血。氨基酸随机移动、自发形成酶的可能性极小，是不大可能发生的事件。然而，不仅仅是酶，还有整个人体都是真实存在的。宇宙看起来是非概率原理大有可为的地方，但我们首先要考虑另一种可能的解释。

审视周围的世界时，我们会看到各类复杂的结构，包括房屋、飞机、汽车、电脑、电视等。它们当然都不是碰巧出现的，而是被设计和制造出来的。

正因为如此，18世纪的哲学家威廉·佩利（William Paley）（于1805年去世）才坚定地认为，生物体必定是被创造出来的。他在《自然神学》（*Natural Theology*）一书的开头写道："假定我在穿过一片荒野时踩到了一块石头，若有人问我石头是怎么来到这里的，我可能会回答说，据我所知，它一直都在这里，这么回答并不算荒唐。但假设我在地上发现了一块手表，若有人问我，手表是怎么来到这里的，我就不能回答说，据我所知，它一直在这里了……在某个时间、某个地方，一定有一个或多个工匠出于某种目的制造出了这块手表。他们理解它的构造，还设计了它的用途。"

这是造物论的观点，它存在的问题是，人们可以用它解释一切。我们在第二章讨论各种奇迹的时候就提到过这一点。无论你面对的是什么证据，你都无法对"它就在那里""有人把它放在了那里"做出反驳。还有一个令人不安的问题是，造就了造物主的又是谁呢？创造从哪里开始，又是如何开始的呢？造物论与其说是一种解释，不如说是逃避问题的借口。

说不通的地方还有很多，复杂生命形式的存在，例如人类，并不是唯一需要解释的对象，化石也需要解释。随着时间的推移，埋在岩石中的动物化石不断涌现，但那些动物早已不复存在了。毫无疑问，这些化石是与恐龙和其他野兽有关的故事的源头。但对这些化石进行仔细的研究，结合它们生活的时期（可从发现化石的岩石地层中推断出来）考虑它们的形状，我们能够发现某些规律。动物化石好像经历了一个进化过程，不同的物种存在于不同的时期，而且随着时间的推移，物种的形态也发生了变化。举一个例子，我们没有发现几百万年前的人类化石，但我们发现了与人类相似的不同生物的化石。所有这些都亟待解释。

科学虽然无法提供探寻绝对真理的策略，但为我们提供了探寻解释的策略。事实上，有人说过，要想寻求绝对真理，纯粹的数学或宗教才是寻求的方向，科学肯定不是。纯粹数学产生绝对真理，因为只要依据给定的规则和公理，你就能推导出结果。这意味着在纯数学领域内，你可以界定自己心目中的宇宙，你自然也能阐明其中的绝对真理了。而宗教是对绝对真理信念的表达。

相比之下，科学以概率为基础。我们提出理论、猜想、假设和解释；我们收集证据和数据，检验理论。当数据与理论相矛盾时，我们就改变理论。这样，科学进步了，我们对世界也有了更深入的了解。但是，总是有可能出现与现有理论相矛盾的新证据。科学的本质就在于其结论是可以改变的，也就是说，真理不是绝对的。20世纪30年代大萧条期间，著名经济学家约翰·梅纳德·凯恩斯改变了自己的货币政策立场，据说他是这么回应批评者的："事实变化时，我改变了想法。你会怎么做呢，先生？"

随着新事实的积累，非概率原理的各个组成部分也可能发挥作用，帮助我们确定何时改变思想，判定旧理论无法解释新事实。我们将在下一章探讨具体的应用方法，现在我们只深入分析两个例子。

当新证据出现时，理论必须随之改变，进化论就是这样的范例。1859年，达尔文发表了《物种起源》（*The Origin of Species*）一书，阐述了"物竞天择，适者生存"的进化观，著名的物理学家开尔文勋爵威廉·汤姆森认为，这一理论与"事实"不相符，他认为进化离不开太阳提供的能量，而太阳没有足以能燃烧数百万年的燃料。考虑到当时的普遍认知，他的这番质疑很有道理。当时人们普遍认为，太阳是通过某种化学反应燃烧的火球，直到理解了核反应后，人们才明白太阳可以燃烧数十亿年：这给生命和人类进化留出了充裕的时间。事实改变了，理论也要随之改变。顺便说一句，若知识出现的顺序刚好相反，达尔文可能会认为，开尔文勋爵对太阳年龄的看法是错误的，因为进化的事实表明，太阳存在的历史要长得多。

宇宙演化就是非概率原理在运作

想象一下，此刻你正蒙着眼睛站在一座巨大的圆锥形山丘上，你的目标是登上顶峰，但你不知道该往哪个方向走。

第一种策略，你可以让其他人领着你前行，这相当于造物论的"解释"。这根本算不上真正的策略，因为它的实施需要其他人的参与，这个人知道山顶在哪里，也知道如何登顶。那么，接下来的问题是："谁创造了这个人呢？"

第二种策略就是随便选一个方向前行，寄希望于恰好能沿着这一方向登顶。这种策略类似于分子随机聚合形成人体，你有可能登顶，但却要耗费很长的时间。

第三种策略稍微复杂一些。你随意向一个方向伸出脚试一试，感受一下前边的高度是否增加了，若答案是肯定的，你就向前迈出一步。如高度没有增加，你就换另一个方向试一试。迈出一步后，继续重复该过程。

这么做可以让你逐渐到达山顶。你不是沿着直线大步前行，而是迈着小步子迂回前行的，你每迈出一步都让你到达了比之前高一点的位置，数学家把这称为随机优化（stochastic optimization）过程。"随机"指的是每一步都是在随机选择的方向上走出的，"优化"指的是你越来越接近目标。数学家们经常采用这种策略的各种变体来确认数学函数的最大值和最小值。

非概率原理中的两个法则在这里发挥了作用，其中一个是巨数法则。你的步子迈得很小，一步可能只有几厘米，而山可能有几千米高（据当地商会称，美国俄克拉荷马州波托附近的卡瓦纳尔山丘是世界上海拔最高的丘陵，高约609.3米）。你迈步的方向是随意的；虽然每走出一步都能让你的位置增高一点，但可能只增高了一点点，甚至不到1厘米。不过，只要你迈出的步数足够多，而且每一步都能让你的位置增高一点的话，你迟早都会登顶。

另一个是选择法则。你每迈出一步前都会先试探一下，若高度没有增加，你就不会迈出步子。也就是说，你是有选择地迈步的。每迈出一步，你的位置都要比之前稍微高一点，也让你的下一步有了更好的起点。

这一逐步登顶的策略主要由3个部分组成：

每一步的方向都是随机选择的；

需要迈很多步；

只往能让你增高的方向迈步，即使增高的幅度很小，你下一步的起点也会更高。

第二点和第三点分别体现了非概率原理的两个组成部分：巨数法则和选择法则。

正是这个策略推动了生物的进化，导致了生命和人类的形成。要理解这一点，我们先来看一个例子。

每年到了春天，一些昆虫就会大量繁殖。它们会随机朝一个方向飞行，随机选择一个位置建立新巢穴。当冬天来临时，住在保暖性差的巢穴里的昆虫可能会灭绝。另一些巢穴则被建在了气候温暖的地方：可能更靠近赤道。这些巢穴里的昆虫更有可能存活下来，它们会在下一年继续繁殖。这样，昆虫逐渐向更有利于生存的温暖地区迁移。

从这个例子中我们可以看出，随机行事是昆虫的天性：虫后在每个阶段都会对定居地点做出随机的选择。选择法则是这样发挥作用的：一些昆虫偶然迁移到了一个能让它们的后代更有可能存活下去的地方，因此它们的下一代出生在更温暖的地方。我们还可以看出，需要经过很多代才能发生显著的改变。

我们从狗的繁殖进化过程中也能看出选择法则的效力。现在狗的品种有很多，但很早之前不是这样的。为了使狗具有某些人类喜欢的特征，人们选出了一些狗进行配对育种。在出生的后代中，有些具有这些特征，有些则没有。具有这些特征的狗会被选中继续繁衍下一代。重复这一过程，一代又一代，最终狗的品种越来越多。随机性是这个过程固有的特征——你不知道被选中的狗产下的后代是什么样的。在这个例子中，哪一个后代被选中去繁衍下一代要由育种者决定，而在自然界中，外部环境将决定什么样的后代能够存活下来，进而去繁衍下一代。

从更宏大的视角来看，我们可能会认为，气候变化推动了生物的进化，科学家也确实发现了物种适应气候变化的证据。英国国家环境研究委员会生态学和水文学中心的蒂姆·斯帕克斯（Tim Sparks）指出："英国南部某地的迁徙鳞翅目物种（蛾和蝴蝶）的数量每年都在稳步上升，这与欧洲西南部的气温上升密切相关。"

一个鲜为人知的例子是意大利壁虎。1971年，10只意大利壁虎被带到了波德姆拉鲁岛上。这种壁虎在原来的栖息地主要以昆虫为食，但在新的栖息地，它们主要以植物为食。如今，这些壁虎的头部变得更大，咬合力更强了，它们的肠道结构也发生了变化，更适合消化植物了。

澳大利亚的巨型海蟾蜍也是进化的范例。澳大利亚原本没有巨型海蟾蜍，它们是从夏威夷引入的，引入的目的是让它们捕食毁坏甘蔗的甲虫。不幸的是，这些蟾蜍来到这里后大量繁殖，对当地野生动物产生了巨大的影响。如同波浪扩散，蟾蜍的数量攀升，活动的范围不断扩大。自然地，那些"打头阵"的是移动速度最快、繁殖力最强的蟾蜍。它们产下的后代更活跃，移动速度更快，向外扩张的速度也越来越快。这是自然进化的结果。

完成进化需要经历很多代，但对于某些生物来说，一代就足够了，比如细菌。事实上，细菌的繁殖周期很短，科学家可以在实验室观察其进化状况。自

1988年以来，进化生物学家理查德·伦斯基（Richard Lenski）观察了5万多代大肠杆菌的繁殖，研究了它们的遗传基因如何随时间进化。5万这个数字足以让巨数法则发挥作用了。

动物学家马克·雷德利（Mark Ridley）提供了另一种看待进化过程的视角。他关注的不是生物随时间的进化，而是地理位置对生物特征的影响。他写道："观察从英国往西到北美的银鸥，我们会发现，尽管两地的银鸥形态略有不同，但我们还是可以辨认出它们是银鸥。继续往西观察，直到西伯利亚，我们会发现，银鸥的外形在逐渐变化，西伯利亚的银鸥更像英国的小黑背海鸥。从西伯利亚开始，穿过俄罗斯到北欧，银鸥逐渐变得越来越像英国的小黑背海鸥了。最后到欧洲，完成了一个循环；两种极端的地理形态交融，形成了两个完美的物种：银鸥和小黑背海鸥，它们的外形区别明显，而且不会自然杂交繁殖。"

达尔文精准地总结了基本的进化过程："当对生物有利的变异发生时，毫无疑问，具有这种特征的个体将更容易在生存斗争中取胜；在强大的遗传原理作用下，它们往往会繁殖出具有类似特征的后代。为了简洁起见，我把每一个有利的微小变异被保存下来的原理称为**自然选择**。"

这是非常简单、优雅和强大的理论，是巨数法则和选择法则共同作用的结果。

哥白尼原则和平庸原则

那么宇宙的存在和宇宙中出现生命这两个最不可能发生的事件又是怎么发生的呢？有人认为，正是由于它们极不可能发生，所以"是超人或上帝让这一切发生的"，这个解释才显得很符合情理。但这样的解释是在回避问题而不是解答问题。

正如我所说，科学是用证据说话的。我们会观察四周，测量物体的属性，了解它们之间的关系，并寻求解释。根据科学的一大基本原则（节俭原则，也叫奥卡姆剃刀原则），我们应该寻求简单而不是复杂的解释。与太阳绕着地球转的旧理论相比，尼古拉·哥白尼提出的地球和其他行星绕着太阳转的理论更令人信服，因为旧理论需要经过层层修正（即所谓的本轮）才能说得通，而哥白尼的日心说仅仅要求行星沿椭圆形轨道运行就能成立。

哥白尼提出了日心说，指出地球并非太阳系的中心，这引发了天文学领域的一场革命。在此之后，科学家们又发现，太阳也只是银河系中几千亿颗恒星中的普通一员，而银河系也只是宇宙中无数星系中的一个。正如哥白尼所说，地球在太阳系中并不算特别，所以更广义的哥白尼原则（Copernican principle）认为，地球在宇宙中很普通。可以说，在哥白尼眼里，人类也很普通。

哥白尼发起的这场革命已不再局限于简单的地理位置降级了，而是延伸到平庸原则（principle of mediocrity）了。该原则是指，地球以及人类，在宇宙中并不处于特殊的位置，而且从其他方面看，人类所处的环境也没什么特殊之处。例如，人类不能摆脱物理定律的约束，宇宙中的一切都要遵循这些定律，人类也不例外（需要指出的一点是，地球表面的状况与星际空间或恒星的中心非常不同，平庸原则并不适用于局部，而是适用于背后的物理定律，是更高层次的"哥白尼原则"）。物理学家维克多·斯坦格（Victor Stenger）阐述了这个概念，他称之为视角不变性（point-of-view invariance），也就是说，如若物理学模型要反映客观现实，它们就不能受观察者视角的影响。在此基础上，他证明了"实际上，我们已知的所有基础物理知识直接出自视角不变性原理"。

现在，哥白尼原则成了可观察到的事实。观察太阳和其他行星的运行后我们会发现，到目前为止，行星绕着太阳转是最简单的解释。但若延伸到平庸原则，即人类不是特殊的生物，人类的环境也很寻常——你可能一时难以接受。但换个角度你可能就容易接受了：顾名思义，普通的事物要比不普通的事物常见得多。当我们没有更多的信息或证据评判看到的事物时，我们不妨假设它们是普通的，因为常见的就是普通的。如果我搜集的骰子中有数千颗普通的，有两颗加重的，让你从中随机选出一颗，你认为你更有可能选出普通的还是加重的呢？

从本质上说，我们这是在依据主观的"相信程度"对两种可能性赋予概率，一种可能性是人类环境是普通的，另一种可能性是人类环境是特殊的。而在骰子的例子中，一种可能性是选中一颗普通的骰子，另一种可能性是选中加重的骰子。这种为不同可能性赋予概率的原则被称为理由不充分原则（the principle of insufficient reason）或者无差异原则（the principle of indifference）。既然我们没有理由认为你会选中特殊的骰子，那么我们就应该认为你选中所有骰子的可能性都是一样的，因此你选中一颗普通的骰子的概率会更大。

同样，我们应该假设适用于地球的物理定律也适用于宇宙的其他地方，这一假设很合理。这不是证据，也不是观察到的事实，而是在综合考虑概率和理由不充分原则后做出的推断。因此，我们从地球不是太阳系的中心开始推理，得出了我们日常遵循的物理定律并不特殊的结论，但问题远没有结束。

宇宙微调论

描述宇宙基本性质的基本常数（fundamental constants），包括光速、普朗克常数（量子力学的核心）、万有引力常数、电子电量以及电子质量与质子质量之比等，构成了物理的基础。

对物理定律的研究表明，表示这些基本常数之间关系的值必须恰好等于，或者至少必须非常接近它们的实际值时，恒星和行星以及人类才能存在，这就是宇宙微调论（fine-tuning）。根据理由不充分原则可知，使人类得以生存的这些数值的范围很小，出现的概率也极低，因为数值本身的取值范围非常广。不过，低概率事件实实在在地发生了，我们需要作出解释。这就好像你从数千颗骰子中随机选出了加重的骰子一样（仅有两颗），按照常理来看，这样的事情不会发生，当它发生时，你会寻求解释。

人们提出了各种各样的解释，包括造物论。但正如我们所看到的，在非概率原理的各个组成部分的影响下，事情发生的概率会变化，起初看起来非常不可能的结果会变得很有可能出现。在讨论非概率原理的这些组成部分如何大显神威之前，我们先来看四个与宇宙基本常数有关的例子。

第一个例子是强核力（strong nuclear force），它是将原子核内的质子和中子束缚在一起的力量。当这一力量增强2%时，由两个质子形成的原子核就会保持稳定。这意味着恒星内部发生的核反应会把氢变成"双质子"，而不是氘和氦。恒星的行为会相应发生变化。由于地球上所有的生物都需要来自恒星的能量，或者至少需要来自太阳这颗恒星的能量，2%的强核力变化就足以使地球上的生物不复存在。

第二个是宇宙微波背景辐射（cosmic microwave background radiation）。早期的宇宙炽热无比、密度极大，以至于电磁辐射都照不透它，光子也无法自由运行。但是，在大约40万年后，宇宙膨胀到了一定程度，而且温度也冷却到了足以使质子和电子结合成中性氢原子的程度（约3000开尔文）。"粒子汤"的浓度降低，电磁辐射得以自由穿行。今天，我们可在微波频率范围内观测到这种辐射（当然，得使用适宜的探测器）。自20世纪90年代初以来，我们已能够检测到其强度的变化。它的变化幅度极小，数量级单位为十万分之一。科学家们认为，这些变化是宇宙膨胀早期（被称为膨胀期）量子波动引起的。但这种变化的幅度至关重要：幅度稍大一点，物质集中度就会提高，这会导致许多恒星相撞；幅度稍小一点，物质聚集成恒星和行星的速度就会减慢。在任何一种情况下，宇宙都会与我们现在所看到的大不相同。

第三个是中子质量和质子质量之比：1.00137841917。如果这个比率稍小一点，宇宙中的氦会大量增加，恒星就会燃烧得过快，导致生命无法完成进化。如果比率稍大一点，原子就无法形成，我们所知道的恒星、行星和生命根本就不会存在。

第四个是电磁力和引力这两种基本自然力的强度比。恒星的平衡要靠这两种力的合力来维持：引力试图把它们拉近，而核反应产生的辐射试图把它们推开。这种平衡必须能让较重的元素在恒星内部形成，同时也要允许恒星在爆炸成超新星时，将这些较重的元素释放到宇宙中，进而形成行星和生物体。当电磁力比引力强时，行星就无法形成；当电磁力比引力弱时，超新星就不大可能出现。恰到好处的平衡至关重要。

若某个事物需要"微调"，而且它的值局限在很小的范围内，那么显然它的值与度量单位无关。在真空中测量光速时，你可以选择英里/秒、公里/秒或其他单位。以英里/秒为单位的值是186282.397，以公里/秒为单位的值是299792.458，以光年/年为单位的值是1（顾名思义，光年指的是光在一年中传播的距离）。事实上，选择哪一个数字都可以，它们都是相等的，可以相互换算，因此很难对光速做出微调。

然而，一些基本常数以及常数之间的关系是无量纲的：无论选择何种度量单位，它们的值都不变。以同一单位度量的两个属性之间的比率为例，无论你选择克、千克还是盎司作为单位，中子质量与质子质量之比都是一样的（1.00137841917），就像无论我选择了以英寸还是厘米作为度量单位，我母亲的身高始终是我父亲身高的80%一样。在上面提及的第四个例子中，电磁力和引力的强度之比是无量纲的，因为分子和分母都是力，具有相同的度量单位。

与之形成对比的是，我一个朋友的体重值与他的身高值一样：体重为170磅（约为77.11公斤），身高为170厘米。你一眼就可以看出，一旦改变了度量单位，数值的这种"关系"就会改变，因为体重和身高的度量单位不同。事实上，把身高单位从厘米改为英寸后，他的身高就"仅"为67英寸了，而他的体重仍为170磅。很难对170=170做出"微调"，因为出现这样的关系纯粹是我们选择度量单位的结果。只有对无量纲的值可以做出有意义的微调。要描述宇宙的基本特性，就决不能依靠特定的度量单位。因此，若一个无量纲的常数值发生了改变，那么相应的基本物理性质和宇宙性质也会改变。

宇宙演化的概率杠杆法则

大多数微调论据都有一个缺陷：一次只能针对一个常数做出微调，也就是说，每次只改变其中一个常数的值，同时保持其他常数不变。这确实会形成与现在不同的宇宙，在那些宇宙里，没有恒星形成，也无法进化出生命。但若同时改变两个（或更多）常数会怎样呢？回想一下我们刚刚提到的恒星内部电磁力和引力之间的微调平衡最终导致行星和生命形成的例子。改变其中任何一种力的值都意味着宇宙将不适合生命存在。但如果我们把它们都改变了呢？如果我们同时稍微增加电磁力和引力，使它们的比例保持不变会怎样？这样的话，恒星内部的平衡仍旧会得以维持，行星仍可能形成，生命仍然会进化。这样的微调没有问题，但问题是，因为可选择的范围很广，到底哪一对数值能导致生命形成呢？尝试稍微调整一下模型，允许一次改变多个常数，看是否能增加出现目前这个宇宙的可能性：这是概率杠杆法则在发挥作用。

我们继续分析。如果各个基本常数相互关联，改变一个常数能否不引发其他常数的变化呢？以两个假设的常数为例，若每个常数的值都在0到1之间，比如都为0.5，我们计算后获知，当其中一个常数的变化幅度小于0.01时，恒星和行星可以形成，而且它们的寿命足以使生命完成进化，但是，当变化幅度超过0.01时，恒星就无法形成。现在假设常数是相互关联的，改变一个常数值必然会导致另一个常数值发生变化（就像提高速度必然会减少行程时间一样），再假设宇宙形成不是因为它们的值为（接近）0.5，而是因为它们的值非常相近。这样的联系意味着，当其中的一个常数值为0.2，另一个常数的值接近0.2时，宇宙就能形成，这样我们就得到了一对可以形成恒星的数值。

在上面的这个例子中，概率杠杆法则发挥的作用与萨利·克拉克的案件类似。在这起案件中，两个事件（两个婴儿猝死）不相关的假设意味着，两个事件都发生的概率非常小。但后来人们认识到，它们之间存在相关性，它们的概率也发生了变化，而且事实证明，这两个事件同时发生的可能性很大。

物理学家和宇宙学家已探究过这类想法了，例如，密歇根理论物理中心（the Michigan Center for Theoretical Physics）的弗雷德·C.亚当斯（Fred C. Adams）研究了改变引力常数、精细结构常数和决定核反应速率的常数后可能出现的结果。他发现，在这三个值的所有组合中，大约有1/4的可能会产生维持核聚变的恒星——类似于我们宇宙中的恒星。正如他所说的，"我们的结论是，存在恒星的宇宙并不罕见（与之前的观点相反）"。

人择原理和选择法则

一些现代宇宙理论认为，我们所在的宇宙可能只是无数个宇宙当中的一个［整个体系被称为多元宇宙（multiverse）］。这绝非异想天开的无稽之谈，而是根据可靠的理论推理出来的结果。它是在综合考虑量子理论和不确定性原理的基础上作出的推断，与已知宇宙的膨胀模式相符。要深入探究它需要具备深奥的数学知识，不过我们从中得到的一点启示是，其他宇宙可能具有不同的基本常数。

以水结冰为例。起初，水分子是随机运动的，它们相互碰撞，运动方向完全不可预测。液态的水看起来是均匀的，每个位置和每个方向的水都是一样的。现在让水冷却并结成冰。水结成冰时，随机分布的分子被锁定，冰晶开始形成。在每一个冰晶中，水分子按特定的方向有序排列，但相邻晶体的分子可能指向了其他的方向。物理定律也是如此。我们宇宙内的基本常数就跟冰晶内的水分子一样，是有固定数值的。但在多元宇宙中，其他相邻宇宙中的基本常数可能与我们宇宙中的不同，就跟不同冰晶内水分子排列的方向不同一样。冰晶内水分子的特定方向和我们宇宙中基本常数的特定值都是随机过程的结果，并没有什么特别之处。

只有一个事实除外，即我们所在的宇宙是能让我们存活的宇宙。如果宇宙的基本常数无法使恒星形成，那么我们所知的生命体就不会存在，我们也不会看到恒星。这个道理就是选择法则发挥效力的终极例子。因为它涉及的问题太基本了，所以被挑出来专门进行研究，还被赋予了一个专有名字——人择原理（anthropic principle）："所有物理量和宇宙量的观测值出现的概率并不相同，它们的值受这些要求的限制：存在使碳基生命得以进化的地域，以及宇宙的寿命应该长到足以使进化完成。"

地球本身就是一个很直观的人择原理起作用的例子，只是它的规模要小一些。假如地球离太阳远得多或近得多，地球就会变得太冷或太热，生命就无法诞生与进化。如果地球磁场不能保护我们免受穿透生物圈的辐射，动植物就无法生存。如果平流层中的臭氧无法阻挡紫外线辐射，我们就不会存在，或者至少我们不会是现在这个样子。别忘了：我们的星系中有大约5亿颗恒星，在宇宙中有数十亿个星系。许多恒星都有行星环绕，许多行星与地球完全不同（如木星这样的气态巨行星）。有些行星将远离或靠近它们所环绕的恒星，有些行星可能没有保护性磁场，等等。在这样的行星上，没有生命（至少是像人类这样的生命体）可以进化。这也意味着那里没有人收集数据，观察事实，并说："嘿，这真是太巧了，我们的星球正好具有适宜生命进化的属性。"

简而言之，人择原理的意思是说，生命要进化到足以看出是生命的程度，宇宙就必须具有允许生命进化的特征（即基本常数的值）。这没有什么神奇之处。

人择原理的后果体现了选择法则的强大威力，它可不只是形而上学的空想。我们的宇宙大约有140亿年的历史，人择原理告诉我们，它的历史不可能比这更短，因为我们是碳基生命体，碳是氦在恒星中心的聚变过程中形成的。因此，要形成生命，就必须有足够的时间让第一代恒星形成并爆炸，让碳和其他较重的元素扩散到整个宇宙，凝聚成行星，之后碳基生命在这些行星上开始进化。相关的计算表明，所有这些过程都完成大约需要140亿年的时间。如果宇宙的历史短于这个时间，人类就不会存在。

当然，若是存在非碳基生命，这些推论不适用于它们。但对我们而言，宇宙至少是在140亿年前形成的：这是选择法则发挥作用的结果。

上述的人择原理有时被称为弱人择原理（weak anthropic principle），该原理还有其他的版本，不过说服力更遭人质疑。一种是强人择原理（strong anthropic principle），即宇宙必须具备允许生命在其某个历史阶段得以发展的那些性质。另一种是参与性人择原理（participatory anthropic principle），即"观察者是宇宙形成的必要条件"。还有一种是终极人择原理（final anthropic principle），马丁·加德纳（Martin Gardner）把它称为"完全荒谬人择原理"（completely ridiculous anthropic principle）（英文首字母缩写为"crap"，意为胡说八道），指的是"包含智慧的信息处理过程一定会在宇宙中出现，而且它一旦出现就不会消失"。约翰·巴罗（John Barrow）和弗兰克·蒂普勒（Frank Tipler）确实说过："我们要再次提醒读者，终极人择原理和强人择原理都含有臆测成分，毫无疑问，我们不应该把它们视为可靠的物理定理。"说得没错，这些包含臆测成分的人择原理有其合理之处，而这种臆测并不会减损弱人择原理的效力。这是选择法则威力的终极体现。

第十一章

如何应用
非概率原理

> 巧合是上帝默默操控世界的方式。
>
> ——阿尔伯特·爱因斯坦（Albert Einstein）

可能性定律

我们已经讨论了非概率原理的各个组成部分，知道了在现实中看到不大可能事件屡次发生的原因。本章将进一步探讨这一法则如何在科学、医学、商业和其他领域中发挥作用。涉及的思想都不是新的，只不过名称有所改变。

博雷尔定律认为，我们预期那些概率极小的事件不太可能会发生，但我们在现实中看到了无数的此类事件，原因就在于非概率原理。这类事件发生是因为，我们没有考虑到这类事件必然会发生（必然法则），或者我们探索了很多可能性（巨数法则），或者我们事后选择了想要的结果（选择法则），或者非概率原理的其他部分发挥了作用。非概率原理告诉我们，我们认为事件不大可能发生是因为我们的判断出错了。如果我们能确认是哪里出了错，我们就会明白，"不大可能事件"有可能发生。

为了探讨如何运用该法则，我将剥离掉现实世界中所有可能引发歧义的模糊性因素，从极为简单的想法谈起。想象一下，我有一个大布袋子，我告诉你说，袋子里面装有1颗黑色弹珠和999999颗白色弹珠。我要求你在不看布袋里弹珠颜色的情况下取一颗出来。你取出来了一颗，是黑色的。

很明显，这种结果出现的概率很小，实际上是百万分之一。你可能会认为，这个概率足够小了，足以适用博雷尔定律了，这样的结果原本不应该出现（如果说你认为百万分之一还不足以使博雷尔定律适用的话，你可以想象一下布袋里装有10000亿颗弹珠，其中只有一颗是黑色的情形）。但你还是取出了那颗黑色的弹珠。这通常意味着，我们没有考虑到会导致你更有可能取出黑色弹珠的一些因素，比如我谎报了布袋里黑色弹珠的数量。

请注意，我们并没有明说布袋里真的只有一颗黑色弹珠的概率或者我撒谎的概率，相反，我一直说的是你相信我的话且从布袋里取出黑色弹珠的概率，小概率事件的发生让你产生了怀疑，用科学术语来说就是，小概率事件的发生让人们对理论产生了怀疑（在上面的例子中，"理论"是布袋里只有一颗黑色弹珠）。

保罗·纳欣（Paul Nahin）在《决斗白痴和其他概率难题》（*Duelling Idiots and Other Probability Puzzlers*）一书中讨论过五角大楼发布的一则申明，即"在第一次海湾战争中，爱国者防空导弹系统'成功地击落了80%以上的'由伊拉克射向沙特阿拉伯的飞毛腿导弹"。纳欣提到了麻省理工学院物理学家西奥多·波斯托（Theodore Postol）的质疑，后者在观看了录像带后发现，在14次爱国者防空导弹系统对飞毛腿导弹的拦截中，有13次均以失败告终，仅有1次成功。波斯托质疑道，若爱国者系统拦截成功的概率为80%，那么在14次拦截中只成功1次的概率是多少呢？如纳欣所示，很容易计算出这一概率：不到一亿分之一。这是一个足够小的概率，按照博雷尔定律，这样的事件原本不应该发生，但它确实发生了，我们可能会以非概率原理做出解释，比如说拦截成功率被夸大了。我想，在"一亿分之一的概率"和"拦截成功的概率不足80%（具体的数值不确定）"之间做选择时，大多数人会选择后者。

第七章中提及的金融崩盘也如此。这类事件发生的概率非常小，根据博雷尔定律，我们原本不应该看到它们发生，但它们确实发生了，我们认为这背后必然另有原因，因此要寻求相应的解释。正如我之前所述，统计分布形态的微小变化就会导致金融崩盘事件发生的概率大大增加。再一次地，我们是在权衡概率。

上述所有事件发生的概率都非常低，结合博雷尔定律和非概率原理，我们能够发现在了解它们的过程中出现的一些错误或疏漏之处。在这些例子中，我们没有明确说明替代的理论是什么，但有些时候我们会对此作出详细的说明。

回到从布袋中取弹珠的例子，只不过现在我（如实地）告诉你，我有两个布袋，一个布袋子里装有一百万（或一万亿）颗弹珠，其中有一颗是黑色的，其余都是白色的，而另一个布袋里装有相同数量的弹珠，其中有一颗是白色的，其余都是黑色的。你随机地从一个布袋里取出了一颗弹珠，它是黑色的。我的问题是，你认为你是从哪个布袋里取出黑色弹珠的？

我希望你会认同我的这一观点：因为从第二个布袋里取出黑色弹珠的概率更大，所以你认为你是从这个布袋里取出黑色弹珠的。

再举一个更贴合现实的例子。

标准六面体骰子各面的排列规律是，相对的两个面的点数之和为7，比如点数1和点数6所在的面相对，点数2和点数5所在的面相对，点数3和点数4所在的面相对。然而，在我收集的骰子中，有一些骰子上的点数不是这样排列的。比如一颗骰子的某个面原本应该是1点，但它被标记为了6点，这样这颗骰子就有两个6点。因为我们不能同时看到相对的两个面，因此当你看到桌子上的这颗骰子时，你不会发现它有两个相对的面都是6点。正常的骰子显示6点的概率为1/6，而这颗骰子显示6点的概率为1/3。老练的骰子骗子——"骰子老千"为了提高赢钱概率，会把这种骰子藏在手里，随时准备更换正常的骰子。接下来我们就要讨论如何辨别有问题的骰子。

第十一章 如何应用非概率原理

有人向我们展示了一颗骰子,他说这颗骰子可能是正常的,也可能有问题。我们的任务是确认它是正常的还是有问题的。为了做出判断,我们要收集一些证据,即掷骰子的点数结果。

假设我们掷了这颗骰子100次,6点出现了35次。若这颗骰子是正常的,那么6点出现35次的概率是1/220000。这是一个很小的数字,你可能会觉得它太小了,需要寻求其他的解释,比如说这颗骰子不正常。

但是等等,别忘了必然法则。某些结果必定会出现,而且每一个结果出现的概率都极微小(就跟高尔夫球落在任意一片草叶上的概率都极微小一样)。

如果每个结果出现的概率都极微小,那么无论出现什么结果,我们都会对骰子产生怀疑,但这无助于解决我们的问题。要解决问题还有一种方法,那就是考虑骰子在正常和不正常的情况下各自出现这种结果(100次投掷中有35次显示6点)的概率。

在骰子正常的情况下,100次投掷中显示35次6点的概率约为1/220000。类似的计算表明,在骰子不正常的(如上所述,有两面均为6点)情况下,显示35次6点的概率约为1/13。这个概率值仍然很小,但比1/220000大多了,是后者的17000倍。此时,你认为这颗骰子是否正常呢?

权衡不同解释下获得观察结果的概率是为统计方法奠定基础的基本原则。我们查看数据,计算每一种解释下出现观察结果的概率。获得观察结果概率最高的解释就是我们最有信心的解释。统计学家把这称为似然定律(law of likelihood):人们倾向于相信最有可能出现观察结果的解释。

下面这个例子说明了如何利用似然定律发现剽窃行为。

有时候,我们很容易利用似然定律判定剽窃行为。当学生A与学生B的文章逐字逐句都相同时,我们可以用似然定律核验这两种可能的解释:(1)存在抄袭行为(一个学生抄袭了另一个学生的文章或两个学生都抄袭了其他人的文章);(2)纯属巧合。我们很快就会倾向于认同第一种解释。但在其他情况下,做出判断要困难得多，比如数学用表（例如对数表或平方根表，或基本常数的值等）。无论哪家机构出版了含这些数学用表的资料，它们都应该是相同的（无论是谁计算，2的平方根都是一样的），因此很难说是一家出版商没有重新计算数据，抄袭了另一家出版社的计算结果。

除非先出版的一方故意在数学用表中留下几处极为罕见的错误，比如说对数值做出了非常微小的改动，这样的改动不会对参考它们的人产生实质性的影响。如果我们看到其他出版商的数学用表中也出现了这样的错误，我们会依据非概率原理，断定它们不大可能碰巧出现同样的错误，因此我们会寻找其他的解释。其中的一种解释就是，第二家出版商实际上根本没有重新计算数字，只是抄袭了第一家出版商的数字。若这种解释为真，那么这两家出版社出现相同错误的概率为1。然后，根据似然性定律，我们会强烈认同抄袭说（这有助于第一家出版社打赢官司，并获得高额的侵权赔偿）。

1964年，钱伯斯在出版《钱伯斯六位数数理统计表》（*Chambers's Shorter Six-Figure Mathematical Tables*）时就采用了这种防止剽窃的策略。类似的例子还有很多，包括故意在地图中创建虚构的条目（比如增加虚构的城镇）、在字典里增加不存在的单词、在电话簿中添加虚构的电话号码和在乐谱中添加多余的音符等。

比较不同解释下事件发生的概率会产生意想不到的结果。莎士比亚迷们都知道，这位剧作家似乎喜欢使用头韵（重复使用同一辅音）的文学手法，所以在《罗密欧与朱丽叶》（*Romeo and Juliet*）中出现了"Her traces, of the smallest spider's web"（马库西奥，第一幕第四场）、"a rose by any other name would smell as sweet"（朱丽叶，第二幕第二场）、"Life and those lips have long been separated"（凯普莱特，第四幕第五场）和"The sun for sorrow will not show his head"（王子，第五幕第三场）这样的表达。但是，莎士比亚著述颇丰，他的十四行诗中出现辅音的重复是巧合吗？

这意味着对其十四行诗中出现头韵的原因有两种可能的解释：第一，头韵出现纯属巧合;第二,头韵出现是莎士比亚刻意为之的结果。行为心理学家斯金纳运用前述的方法分析了这两种解释,他想计算头韵出现纯粹是巧合的概率。若这一概率极小,则表明这种解释不大可能成立,而另一种解释成立的可能性就比较大了。

斯金纳计算了同一个辅音在十四行诗中出现的次数。他发现,在莎士比亚没有刻意使用头韵的情况下,同一辅音出现的实际次数和预期出现的次数相吻合,因此他得出结论说,尽管莎士比亚喜欢使用头韵,但巧合的解释与实际的数据吻合度高。斯金纳称:"莎士比亚很可能是随意地写就了十四行诗。"[1]

福尔摩斯与贝叶斯主义

小说《四个签名》(The Sign of the Four)里的大侦探夏洛克·福尔摩斯(Sherlock Holmes)说:"除去其他的因素,剩下的无论有多不可能,都必定是事实了。"这是个美好的愿望,在现实中做出判定要比这困难得多(实际上我想说不可能)。除非从逻辑上看完全没有可能(如前所述,这是纯数学概念),否则事件的发生总是存在微小的可能性。也许是在收集数据的过程中出了错,数据被扭曲了,所以事件变得不可能发生了:证据与理论相矛盾,但证据本身可能是错误的。事实上,在科学领域,数据与理论相矛盾的情况很少见。毕竟,科学进步的本质就在于不断冲破界限,而界限处的测量非常困难,不确定因素很多。通常情况下,我们能做的就是围绕概率进行讨论。

因此,要使福尔摩斯的话更接近现实,我们不妨把它改为:"除去更不可能的,剩下的很可能就是事实了。"权衡各种解释的概率,不是考虑在每个解释

---

[1] 有关莎士比亚作品的著述浩如烟海,斯金纳的结论很难不遭受质疑。乌尔里希·戈德史密斯(Ulrich Goldsmith)进一步探讨了这一问题,他说:(斯金纳)不仅忽视了在十四行诗中运用头韵的历史,而且否认了诗人在创作中运用这种手法的艺术目的。乌尔里希·K.戈德史密斯,《随意写就? 莎士比亚十四行曲中的头韵和谐音》(Words Out of a Hat? Alliteration and Assonance in Shakespeare's Sonnets),《英国和德国文献学杂志》(The Journal of English and Germanic Philology)第49卷第1期(1950年):第33—48页。

为真的（如似然定律）前提下得到观察结果的概率，而是考虑解释本身为真的概率。

我们在第二章中提到过大卫·休谟对权衡解释概率的看法，他写道："任何证据都不足以确立一个奇迹，除非它的力量太强，使它的'虚妄'比它欲建立的那种事实更为神奇。"他明确地权衡了奇迹发生的概率和其他解释的概率，并指出，当有两种替代性解释时，更高概率的解释将是我们的首选。

这听起来很合理，但你可能会反问："'解释'怎么可能有概率呢？它们要么为真，要么为假。一个人要么目睹了奇迹，要么没有；如果没有，那肯定存在其他解释（也许他在撒谎）。"

然而，别忘了我们在第三章中提及的对概率的"相信程度"，它是衡量人们对概率的信任程度的指标。这样的话，讨论"解释概率"就变得非常有意义了：如果我们赋予某种解释高的概率，那意味着我们有信心认为它是正确的。

把概率视为信心程度而不是现实世界的客观属性，以此为基础选择解释的方法被称为贝叶斯法。①

统计显著性也是一种概率

当观测到的结果存在两种不兼容的解释时，利用似然定律能够确认两种解释分别为真时观测结果出现的概率，我们就会选择产生观测结果概率较高的那种解释，即不可能性较低的那种解释。另一种策略则以控制我们作出错误选择的概率为基础。

举一个简单的例子。假设我们非常希望避免把正常的骰子误判为不正常（毕竟错误地指责他人作弊可能会产生严重的后果），为谨慎起见，我们以1/1000的概率作为我们的判断标准。这意味着如果我们重复掷骰子1000次，仅有一次会把正

---

① 这个名字可能有点不太恰当，因为贝叶斯定理只是一种计算概率的方法，而且用它计算概率的不只是那些以相信程度解释概率的人，而是所有的统计学家。

常的骰子误判为不正常的。

计算表明，掷一颗正常的骰子100次时，6点出现30次以上的概率小于1/1000（实际上是1/1478，约等于0.00068）。因此若骰子是正常的，当我们投掷它100次时，只有当6点出现了30次以上时，我们才能判定它有问题，这样我们的误判率就会小于1/1000。通过这样的方式，我们限制了把一颗正常的骰子误判为不正常的概率。

如果我们想进一步降低误判率，那么我们可以选择更小的概率，例如千万分之一。我们可能会认为这样的概率足够小了，以至于根据博雷尔定律，我们根本就不会误判骰子了。投掷一颗正常的骰子100次时，6点出现39次以上的概率约为千万分之一（实际上是1/11699824）。因此，如果我们掷骰子100次时，6点出现了39次以上，那我们可以合理地判定，"骰子是正常的"这一假设是错误的；如果骰子是正常的，就不会出现概率如此小的结果。因此骰子是不正常的。

这个例子考虑了骰子正常时获得特定结果的概率（投掷100次，6点出现了30次以上）。我们也可以考虑骰子不正常时获得这一结果的概率。如前所述，当骰子正常时，6点出现的概率只有1/6，当骰子有问题时，6点出现的概率是1/3。因此，当我们预计骰子有问题时，6点出现的概率会更高。我们已经看到，投掷一颗正常的骰子100次时，6点出现30次以上的概率是0.00068。对于一颗有问题的骰子，6点出现30次以上的概率为0.79073。这给我们判断骰子是否正常提供了一个标准，我们可以用它控制我们出错的概率：当我们投掷骰子100次时，若6点出现了30次以上，我们就判定骰子有问题，否则骰子就是正常的。我们误判正常骰子的概率仅为0.00068，而我们误判问题骰子的概率为1-0.79073（大约等于0.2）。无论采用哪一种方式，我们误判的概率都很低，当骰子正常时，我们误判的概率更低。这正是我们想要的结果。

用实验结果（掷骰子100次时，6点出现30次以上）检验理论（比如骰子是正常的），若理论为真时出现实验结果的概率极小，则认为实验结果具有统计显著性。概率越小，对理论的怀疑就越大。当概率极小时，我们就可以根据博雷尔定律拒绝接受该理论。

"小概率"的确切含义要视情况而定。在许多领域，如医学或心理学领域，小概率的值是0.05（即1/20）或0.01（即1/100）。从非概率原理的标准来看，这些概率都不算特别小。但在其他领域，小概率的标准要小得多，比如在高能物理领域，物理学家在寻找新粒子（基于观察到的事件，例如具有特定能量和质量的亚原子粒子集中出现）时，小概率的标准是0.0000003。我们在第六章看到，在金融领域，小概率事件通常称为"n西格玛"事件。粒子物理学领域也使用同样的术语，例如，寻找希格斯玻色子的物理学家将他们获得一些观测结果称为5西格玛事件。

由此可见，统计显著性是一种概率，即假设理论为真时得到的数据与实际观测到的数据同样极端的概率。它能告诉我们，当理论为真时，结果是否与我们预期的一样，还是我们应该依据非概率原理去寻求其他的解释。

统计显著性与实际显著性不同。事实上，有些结果可能具有统计显著性，导致理论遭受到极大的质疑，但这并不意味着它们很重要。在药物试验中，两种药物效力的微小差异可能具有高度的统计显著性，这意味着我们可以肯定两种药物的效力存在差异。但在临床实践中，两种药物的微小差异可能无关紧要。

理论很容易理解，但现实中的事物互相关联，影响因素众多，再加上非概率原理的影响，问题会变得更加复杂。回想一下巨数法则：若某个事件发生的机会足够多，那它必定会发生。

在测试骰子是否正常的例子中，我们只做了一次实验。如果我们做了多次测试，结果会如何呢？为了回答这个问题，我们不妨从两次测试开始谈起。为简单起见，我们假设测试是独立的：两项测试的结果互不影响。一项测试旨在确认哮喘新疗法是否优于当前的标准疗法，另一项测试旨在确认抑郁症的新疗法是否优于其他疗法。假设我们把错误地得出哮喘新疗法优于标准疗法这一结论的概率限定为1/20，也就是说，在哮喘疗法测试中，新疗法不比标准疗法优秀，但我们错误地判定新疗法更优秀的概率为0.05。对抑郁症疗法的测试也是如此，我们把错误地认为新疗法更优秀的概率限定为0.05。因此，在每种情况下，我们有95%（1-0.05=0.95）的概率得出新疗法不比旧疗法更优秀的结论。

但我们进行的是两项独立的测试，一项是哮喘疗法测试，另一项是抑郁症疗法测试。运用第三章介绍的概率知识可知，两项测试都正确地判定新疗法不比标准治疗更有效的概率，小于单独一项测试正确地判定疗效的概率。前者的概率等于两项测试独立地做出正确判定的概率的乘积，即0.95×0.95，结果为0.9025。这是正确地判定两种新疗法都不比旧疗法更有效的概率。

这样的话，至少有一项测试做出错误判定的概率是1-0.9025=0.0975，几乎为0.1。由此可知，至少有一项测试做出错误判定的概率是单独测试做出错误判定的概率的两倍。

这就是做两项测试的情况，在现实中，制药公司往往会完成多项测试。我们来看看完成1000项测试时会发生什么。再次假设所有测试都是独立的：其中任何一项测试的结果都不会影响任何其他测试。和上面的假设前提一样，我们把错误地得出测试结论的概率限定为0.05。如此一来，1000项实验都正确地判定新疗法不比旧疗法有效的概率是单独测试的概率的乘积，即0.95×0.95×……×0.95（1000个0.95相乘），即$0.95^{1000} = 5.29 \times 10^{-23}$，或$1/2 \times 10^{22}$，这是很小的概率。

由于得出正确结论的概率极小，这意味着我们极有可能（概率为$1-5.2910^{-23}$）会错误地认为一种或多种疗法优于现有疗法（事实并非如此）。

现在我们可以看出第五章提及的扫描统计数据和"查看别处"的困难了。当我们需要查证大量的可能性（可能超过1000种）时，例如疾病集中爆发的众多可能的地点，我们就会遇到这类问题。这意味着，即使任何地方都不存在风险增加的情形，也至少有一项测试可能会显示出具有统计显著性的结果。也就是说，根据巨数法则，即使没有其他隐藏的原因，某些疾病，比如《赫芬顿邮报》所报道的那些疾病，也肯定会集中暴发。

我们无法回避这个问题，因为这是非概率原理的组成部分起作用的结果，不过我们或许可以缓解其造成的影响。一种方法是为每一项单独的测试设置更低的误判率。比如在前述的例子中，我们可以把治疗方法的误判率设置为1/10000，即0.0001（而不是0.05）。如果对两种疗法均做这样的设置，那么错误地判定两种新疗法中至少有一种比现行疗法更有效的概率就约为0.0002了，虽然是0.0001的两倍，但仍然是很小的概率，这能让我们松一口气。然而，当我们有1000种新疗法时，错误地判定其中至少一种新疗法更有效的概率将是0.095，这个概率值并不低，接近1/10，但总比肯定会出现一次误判要好得多。

另一种缓解影响的方法是改变看问题的视角。到目前为止，我们关注的都是错误地判定至少一种新疗法优于标准疗法的概率是多少。换个视角，我们把关注的问题变为，在所有被判定为更优秀的新疗法中，真正优秀的疗法占多大的比例？把这个比例限制在一定的范围内非常有意义。

统计学家们非常清楚这些问题，并将这些问题称为多重假设检验（multiple testing）或多重性（multiplicity）问题，也是统计学研究领域的热点问题，而且在诸多领域发挥着重要的作用，包括生物信息学（同时测试成千上万个基因，看它们是否受不同条件的影响）和粒子物理学（如在第五章中提到的，研究人员会观察某个频谱范围内的许多值，确认是否有异常值出现）。在巨数法则的作用下，利用多重假设检验会得出较高的概率：即使每个事件单独发生的概率很小，只要机会足够多，事件至少发生一次的概率也会非常高。

我们在本章中讨论了如何通过权衡概率来评估和选择不同的解释。当某个事件看似极不可能发生时，我们就有理由怀疑它，并寻求其他的解释。这是统计推断的基础。

后记

Postscript

> 机会不是偶然出现的。
>
> ——佩特罗尼乌斯（Petronius）

非概率原理不像爱因斯坦提出的公式 $E=mc^2$ 那么简单明了，它是由一组相互关联、相互增强、共同发挥作用的部分组成的，就像一根绳子，把事件和结果串联了起来。它主要的组成部分包括必然法则、巨数法则、选择法则、概率杠杆法则和够近法则。其中任何一个部分都足以导致不大可能发生的事件发生，比如多次买彩票中头奖、金融危机爆发、梦到未来，但只有它们共同发挥作用时，它们的巨大威力才能充分显现出来。

必然法则是说，一定会有事件发生。只要列出了所有可能的结果，那么其中的一个结果必然会出现。其中的道理不言自明，正因为如此，我们常常忽略它，就像我们不会留意时时刻刻呼吸的空气一样。根据这条法则，即使每种结果出现的概率都很小，其中的一种结果也必定会出现：这使小概率事件的发生成为必然。

巨数法则是说，只要有足够多的机会，任何离谱的事件都有可能发生。投掷一把骰子时，只要投掷的次数足够，最终肯定会出现所有骰子都显示6点的结果。在任何一次投掷中都不大可能让一把骰子全显示6点，但若投掷的次数足够多，这样的结果就必然出现。

选择法则是说，在事件发生之后作出选择会导致事件发生的概率提高。我最喜欢的是先射箭后画靶心的例子。在那个例子中，选择的效果非常明显：它使结果变得确定无疑了。但通常情况下，选择过程没有这么明显。如果我选择了这一次测试中成绩最好的学生，那我可能没有意识到，他们也是下一次测试中成绩最有可能下滑的学生。

概率杠杆法则是说，环境的微小变化会对概率产生巨大的影响。我们认为我们居住的地方是平的，但如果我们朝着一个方向走足够长的时间，理论上我们会回到出发的地方。地球极其微小甚至难以察觉的弧度变化就能产生如此惊人的结果，概率杠杆法则同样可能扭曲概率，致使事件发生的概率大大提高。

够近法则是说，足够相似的事件可被视为完全相同。两个测量值小数点后无穷位上的数值不可能相同，但在现实世界中，测量值往往非常接近，以至于我们认为它们是相同的。跑步比赛中几乎同时到达终点的运动员是打平还是决出胜负则取决于秒表的精确度。

在非概率原理各个部分的共同作用下，下面这些"离谱"的事情出现就不足为奇了：

- 2007年7月，英国汉普郡海林岛的鲍勃·古尔德（Bob Gould）从梯子上跌落下来，摔断了腿。你可能觉得摔断腿会很疼，但算不上什么稀罕事。不到一个小时后，他的儿子奥利弗从墙上跳下来时也摔断了腿。俩人摔断的都是左腿。古尔德先生感叹道：我俩都太笨了。

- 伊利诺伊州弗里波特的玛丽·沃尔福德（Mary Wohlford）四个女儿的生日很好记，都是8月3日。大女儿康妮（Connie）于1949年8月3日出生，二女儿桑德拉（Sandra）于1951年8月3日出生，三女儿安（Ann）于1952年8月3日出生，四女儿苏珊（Susan）于1954年8月3日出生。

- 当你计划度假时，你可能想知道英国达德利的杰森和詹妮·凯恩斯-劳伦斯（Jason and Jenny Cairns-Lawrence）夫妇打算去哪里，他们去哪里，你就要避免去哪里。2001年9月11日，当恐怖分子劫持的飞机撞向世贸中心时，他们身在纽约；2005年7月7日，当伦敦地铁爆炸案发生时，他们身在伦敦；2008年11月，当恐怖分子在孟买发起了多起袭击时，他们身在孟买。

- 律师约翰·伍兹（John Woods）肯定和杰森夫妇有共同语言。1988年12月21日，由于要参加办公室聚会，他取消了预订的泛美103次航班机票，结果那架航班在洛克比（Lockerbie）上空爆炸；1993年2月26日，当一枚汽车炸弹在世贸中心底层爆炸时，他正在世贸中心39楼的办公室里工作；2001年9月11日，他刚离开办公室，恐怖分子劫持的飞机就撞上了世贸中心大楼。

- 2010年，南非艺术家雷恩·卡洛辛（Raine Carosin）在电脑上玩拼字游戏时，抽中了自己的姓。

- 1996年，瑞典莫拉的莉娜·帕尔森（Lena Pahlsson）弄丢了结婚戒指。16年后，她在自家花园里拔出了一根胡萝卜，赫然发现那枚镶着钻石的金戒指就套在那根胡萝卜上。

上面这些事情一点都不奇怪，它们都是非概率原理显神通的结果。

Appendix 1

附录 1

令人咂舌的大和难以置信的小

本书探讨的核心对象是极小的概率，极小的机会。考虑概率这个概念时，可把它视为预计的事件发生的频繁程度。例如，投掷一颗标准的六面骰子时，它显示5点的概率为1/6；抛一枚正常的硬币时，它正面朝上的概率为1/2。同理，如果一个事件发生的概率是百万分之一，这意味着它只是相当多可能的结果中的一个。为了描述极小的概率，我们需要一种表达极大数字的方法，事实上，我们有时需要表示令人咂舌的大数字。

幸运的是，我们有这样的表达方式，而且你可能很熟悉它，即：

当数字 x 自乘 n 次时，记为 x^n。

举个例子，2自乘三次为 $2 \times 2 \times 2$，记为 2^3（值为8）。同理，2自乘20次为 $2 \times 2 \times 2 \times \cdots\cdots \times 2$，记为 2^{20}。用计算器计算可得，$2^{20} = 1048576$，略大于100万。

其他数字也是如此。因此，

$100 = 10 \times 10 = 10^2$

$1000000 = 10 \times 10 \times 10 \times 10 \times 10 \times 10 = 10^6$

1后面跟100个零就是 10^{100}

最后这个例子证明，我们可以用这种方式表示令人瞠目结舌的大数字，把它写完整就是：

10000000000000000000000000000000000000000000000000000000000000000000000000000000000000000000000000000

1后面跟100个0的数字被称为古戈尔（googol）。20世纪上半叶，在哥伦比亚大学任教的数学家爱德华·卡斯纳（Edward Kasner）为了给这个有限的极大数字起个名字，向9岁的侄子米尔顿·西罗塔（Milton Sirotta）征求意见，后者就说出了这个名字。

Appendix 2

机会法则：概率的合取与析取

两个事件的合取（conjunction）是指两个事件都发生。"我下次会掷出6点"和"我下下次会掷出6点"这两个事件的合取是"我接下来两次都会掷出6点"。

两个事件的析取（disjunction）是指其中一个事件发生或者两个事件都发生。"我下次会掷出6点"和"我下下次会掷出6点"这两个事件的析取是"我接下来掷两次骰子，至少有一次会掷出6点"，换句话说就是"我接下来掷两次骰子，会有一次掷出6点或者两次都掷出6点"。

如果两个事件各有发生的概率，那么，由于它们的合取和析取本身也是事件，因此也都有各自发生的概率。在上面所举的例子中，合取的概率就是我接下来两次都掷出6点的概率，析取的概率就是我至少一次掷出6点的概率。

事件的对立面被称为它的对立事件（complement）。如果我没有投掷出6点，那么可以说发生了"非6点"事件。如果一个事件已经发生，那么它的对立事件就不会发生。如果某件事是真的，那么它的对立事件就是假的。

现在假设我们有一颗完美的骰子，它显示每个点数的概率都是1/6。那么这颗骰子显示偶数点数的概率就是它显示2，4或6点的概率，即显示2点，4点和6点的析取。

这个析取发生的概率是单独事件发生概率的总和，即显示2点的概率、显示4点的概率和显示6点的概率之和。这是运用了概率的加法规则。根据这一规则，骰子显示4点或更小点数的概率是它显示1，2，3或4点的概率之和，即4个1/6相加，等于4/6，化简后可得2/3。以此类推。

但有的情况比较复杂。

如果我们想知道"骰子显示偶数点数"和"骰子显示4点或更小的点数"这两个事件的析取概率呢？也就是说，我们想知道"骰子显示偶数点数"或"显示4点或更小的点数"，或者这两个事件同时发生的概率。你可能马上会想到把"骰子显示偶数点数"和"骰子显示4点或更小的点数"这两个事件的概率相加。

但这样做是错误的。骰子显示偶数点数的概率为1/2，骰子显示4点或更小点数的概率为2/3，把它们相加（1/2 + 2/3）得到的结果是7/6，大于1。我们知道，概率的值不能大于1。

问题在于我们重复计算了一些点数结果。例如，骰子显示2点或4点的概率既被包括在了"骰子显示偶数点数"的概率中，也被包括在了"骰子显示4点或更小的点数"的概率中。将这两个概率相加意味着我们将重复计算骰子显示2点或4点的概率。

为了纠正错误，我们必须减去重复计算的概率，因为显示2点或4点的概率是1/3，所以我们必须从总数中减去它，即1/2 + 2/3 - 1/3 = 5/6。

我们还可以用另一种方法计算出这一概率值。骰子显示偶数点或4点或更小点数（或同时满足这两个要求）的概率是它显示1点，2点，3点，4点或6点的概率，也就是6种可能性中的5种，即5/6。

一般来说，当我们计算两个事件的析取时，我们必须注意它们是否有重叠的部分。然后，为了避免重复计算，我们必须减去这一部分的概率。

通常情况下，事件没有重叠的部分，计算析取概率很容易，因为重叠部分的概率为零，所以不需要减去什么。例如计算骰子显示"2点或更小的点数""5点或更大的点数"这两个事件的析取概率时，或者换句话说，计算骰子显示"2点或更小的点数""5点或更大的点数"或同时显示"2点或更小的点数或5点或更大的点数"的概率，显然，骰子同时显示"2点或更小的点数或5点或更大的点数"

的概率为0。因此，只需要把骰子显示"2点或更小的点数"的概率和骰子显示"5点或更大的点数"的概率相加即可。

当事件没有重叠部分时，它们被称为互斥（exclusive）或不相容的（incompatible）事件。当两个事件互斥时，它们合取的概率为零，也就是说它们不能同时发生。

现在我可以给出加法规则的完整定义了：两个事件的析取概率是它们各自发生的概率之和减去它们同时发生的概率。两个事件同时发生的概率就是它们的合取概率。

由于巧合指的是多个事件同时发生，因此我们细究一下合取这个概念。举一个与之前稍有不同的例子："骰子显示偶数点数"和"骰子显示3点或更小的点数"这两个事件的合取概率是多少呢？骰子显示偶数点数的概率为1/2（6个点数中有3个点数是偶数，即2点，4点和6点），然而，在这3个点数中，有1/3的点数（2点）满足"骰子显示3点或更小的点数"这个事件的条件。因此，"骰子显示偶数点数"和"骰子显示3点或更小的点数"这两个事件的合取概率仅为1/2的1/3，即1/6。这个答案很容易得到验证，因为我们可以直接观察出来。6个点数中只有一个点数（2点）同时满足"骰子显示偶数点数"和"骰子显示3点或更小的点数"的条件，6个点数中取一个点数的概率自然就是1/6。

这个例子用到了条件概率（conditional probability），指的是已知某个事件发生的情况下另一个事件发生的概率。如上面这个例子所示，在显示的偶数点数中（前提是骰子显示了偶数点数），3点或更小的点数出现的概率是1/3。我们说，在已知骰子显示偶数点数的条件下，它显示3点或更小的点数的概率为1/3。

因此，更一般地说，两个事件的合取概率就是在一个事件发生的情况下两起事件单独发生的概率的乘积。

知道了其他事件是否发生，并不一定会改变当前事件发生的概率：有时候，无论其他事件是否发生，当前事件发生的概率都不会变化。骰子显示4点或更小点数的概率为2/3，在你知道了骰子显示的点数是偶数的情况下，骰子显示4点或更小点数的概率仍然是2/3。

当一个事件是否发生不影响另一个事件发生的概率时，这两个事件被称为独立事件。在这种情况下，将两个事件各自发生的概率相乘就得到了它们的合取概率。"骰子显示偶数点数"的概率为1/2，无论是否限定显示的点数为偶数，"骰子显示4点或更小点数"的概率都是2/3，因此，这两个事件同时发生的概率为（1/2）×（2/3）= 1/3。

如果一个事件发生的概率受另一个事件发生与否的影响，那么这两个事件就不是相互独立的，而是相互关联的（dependent）。回到上面的例子，即"骰子显示偶数点数"和"骰子显示3点或更小点数"这两个事件，如果我们只是简单地把这两个事件的单独概率相乘会出现什么结果呢？（1/2）×（1/2）=1/4。但是我们已经知道，符合这两个条件的只有骰子显示2点这一种情况，也就是说，这两个事件合取的概率为1/6而不是1/4。

问题就在于这两个事件不是相互独立的。当骰子显示的点数是偶数时，其显示3点或更小点数的概率只有1/3；当骰子显示的点数不是偶数时，其显示3点或更小点数的概率为2/3。所以，骰子是否显示偶数点数与它显示3点或更小点数的概率密切相关。

这就是概率的乘法规则：两个事件同时发生的概率（这两个事件的合取）是知道第一个事件已发生的情况下，两个事件各自发生概率的乘积。如果两个事件是独立的，即第一个事件的发生不影响第二个事件发生的概率，那么两个事件同时发生的概率就是这两个事件各自发生概率的乘积。

"欧洲彼得·林奇"首次亲述他管理的基金和投资哲学

股神安东尼·波顿
近 **30**年 投资生涯小传

- 投资专家、《赚钱大师》《约翰·邓普顿的投资之道》作者、知名财经作家乔纳森·戴维斯给出专业的中肯评论
- 全面修订版首次面世

更富有、更睿智、更快乐

世界顶尖投资者是如何在市场和生活中实现双赢的

作　者：(英)威廉·格林
ISBN：9787515365718
定　价：79.00元
出版社：中国青年出版社

作者简介

威廉·格林，一流媒体作家，曾为美国和欧洲的许多出版物撰稿，包括《时代》《财富》《福布斯》和《经济学人》等。格林在伦敦出生和长大，在牛津大学学习英国文学，并在哥伦比亚大学获得新闻学硕士学位。

内容简介

此书介绍了沃伦·巴菲特、查理·芒格、约翰·邓普顿、霍华德·马克斯等40多位投资大师的投资智慧。在分享与众多投资大师深入接触的日常故事中，作者威廉·格林总结出了投资大师的为人处世之道，也发现了这些一流的投资名家的共同点。他们都是：

长期主义的践行者；
擅长忍耐的纪律奉行者；
冷静又坚韧的投资者。

投资成长型股票的十条法则

- 投资专家、知名财经作家、《选股》一书的作者乔纳森·戴维斯作序推荐。
- 复利持续23年,投资组合价值增长到6倍多的投资大师,教你如何精准选择优质成长型股票。
- 不仅要寻找成长型企业,更要追寻优质成长型企业。这是一种风险更低、回报更高、获利更久的投资方式。
- 投资就像一场龟兔赛跑,稳健的乌龟,总会战胜好动的兔子。头脑冷静、保持耐心、独立思考、目光长远,更重要的是,遵循本书提出的十条黄金法则,你就能找到长期、稳定增长的企业,避免资本的永久性损失。

作　者:［英］彼得·塞勒恩
定　价:59.00元

ISBN:9787515366692
出版社:中国青年出版社

作者简介

彼得·塞勒恩是塞勒恩投资管理公司的董事长、董事和控股股东。该公司成立于1989年,如今管理着15亿美元的基金。它专注于为机构和高净值个人管理优质成长型股票投资组合。1973年,彼得加入了维也纳的信贷合作银行,开始了他的金融服务生涯。从1979年到1986年,他担任汉布罗斯银行的机构投资组合经理,并从1986年起开始奔波于日内瓦和伦敦,为瑞士一家私人投资管理公司管理私人客户投资组合,直到三年后决定创办自己的企业。

内容简介

《投资成长型股票的十条法则》一书的作者彼得·塞勒恩将他在金融市场中学到的所有东西提炼出来,教导读者如何从成千上万只上市股票中筛选出优质成长型投资者投资组合中的优质股票。

塞勒恩表示,这些股票可能比银行存款更安全。它们的存在还颠覆了关于股票市场多元化优势的传统观点,揭示出典型的指数导向型基金管理比许多人想象得更不合理。

优质成长型企业的终极资产属于那些认真考虑让自己的投资长期有效,同时将永久性资本损失风险降至极低的人。这些人是真正的优质成长型投资者,他们不需要付出太多,只需要保持耐心和独立思考,以及遵循本书提及的十条找寻优质成长型企业的黄金法则。